PETIT GUIDE PRATIQUE
DE
L'ARGENT

Bruno Paillet / Bernard Sadoun

PETIT GUIDE PRATIQUE DE L'ARGENT

Illustré par Piem

COLLECTION « GUIDES ET DOCUMENTS »

le cherche midi éditeur
23, rue du Cherche-Midi - 75005 Paris

Édition originale

L'argent avec le sourire

L'argent avec le sourire ! Le propos peut paraître provocateur. Et pourtant, il serait tellement dommage de réduire les relations de l'individu avec le monde de la finance à une probable succession de conflits potentiels. Bien sûr, l'argent est une valeur essentielle de notre société et il s'y rattache beaucoup de choses en termes de liberté, de jouissance et de pouvoir… Dans ce sens, il est difficile, en parlant argent, de dépasser le cadre d'un processus strictement comptable où la valorisation de son propre patrimoine financier est la véritable fin en soi. Pour autant faut-il nécessairement rester bloqué sur une vision passéiste de la banque et des choses de l'argent ?

En fait, l'argent et plus généralement les services financiers deviennent aussi un problème de consommation. Plus que jamais, la banque est un service — pratiquement — comme les autres. Ce qui le distingue encore des services plus communs, ce ne sont finalement que la matière traitée et la relation que nous avons avec elle. Car, dans notre société, l'argent est encore bien loin d'être désacralisé.

Cela se retrouve en particulier dans notre attitude vis-à-vis de la banque. Nous sommes trop souvent nostalgiques d'un passé à peine révolu où la banque avait davantage l'image du marbre et de la distance que celle de la communication, sans parler de la communion avec son public. Pourtant, les choses ont bien changé autour de nous. La banque d'aujourd'hui n'est plus ce vaste hall prestigieux où, dans une atmosphère feutrée, des employés silencieux remplissaient de longs formulaires derrière des comptoirs en bois ciré. La modification est plus brutale qu'on ne l'imagine souvent. La suppression des grilles ancestrales et autres hygiaphones modernes n'est pas, de loin, la seule manifestation visible de ce changement. Non, la banque a pris un tout autre visage.

Très souvent pimpante, l'agence d'aujourd'hui est beaucoup plus un lieu de convivialité et d'échanges. Même si les employés sont encore placés derrière un guichet, celui-ci n'assure plus que des fonctions pratiques. Il abrite des ordinateurs qui peuvent réellement beaucoup de choses ; avec leur aide, votre conseiller — désormais, il n'est plus question de guichetier mais de guichetierconseil — vous connaît et n'a d'autre solution que de vous choyer. C'est bien sûr son intérêt et celui de la banque qui l'emploie, mais c'est aussi le vôtre tant il est plus aisé d'établir une relation dans ces conditions.

L'agence bancaire, c'est aussi un environnement hautement technique où les automates prennent progressivement le dessus sur l'homme. Ceci au moins pour les opérations courantes. Il y a certes des inconvénients à cette mécanisation de la relation bancaire : certains parlent de déshumanisation, de robotisation ou même de renonciation à une convivialité pourtant créée avec autant d'acharnement que de frais. En contrepartie, il y a pourtant des avantages. Qui d'entre nous n'a jamais préféré converser avec l'un de ces automates qui, s'ils restent anonymes, n'en ont pas moins le mérite de bien faire ce qu'on leur demande. Même s'ils tombent parfois en panne — c'est promis, juré, cela se produira le moins souvent possible —, ils permettent aussi d'éviter les bavardages inutiles, les approximations et tâtonnements d'employés pas toujours aussi motivés qu'on le souhaiterait par votre retrait ou votre commande de chéquier.

Egoïstement, le client moderne adore ces tête-à-tête avec la machine. A tel point qu'il les reproduit aussi souvent que possible dans la solitude de son appartement. Car désormais, l'automate pénètre notre intimité. Le Minitel a été le premier support de cette banque à domicile, il est à présent rejoint par le téléphone qui a pris un essor aussi inattendu que rapide. Cette voix synthétique, souvent féminine mais toujours délicieusement exotique, délivre avec beaucoup d'aplomb des informations qu'on ne se lasse pas (encore) d'écouter. Merveille de la technique ou outil extraordinaire au service de l'information bancaire, il est trop tôt pour le savoir. Quoi qu'il en soit, ce service-là est promis à un bel avenir.

C'est dans ce contexte qu'interviennent les produits et les services bancaires. Eux aussi changent, parfois au rythme des innovations financières ou technologiques, parfois aussi sous la pression des pouvoirs publics, parfois plus logiquement sous l'effet des modifications de comportement, de nos comportements. Nos habitudes de consommation des services bancaires n'ont en effet plus grand-chose à voir avec les usages qui prévalaient du temps de nos parents. Plus avertis des choses de l'argent, nous sommes aussi plus exigeants, plus prompts à réagir lorsque des conditions meilleures apparaissent sur le marché ou nous sont plus prosaïquement proposées par le banquier voisin.

Plus ouverts, plus informés, nous sommes aussi devenus d'horribles râleurs. De la banque, nous voulons certes les évolutions positives, mais nous en écartons d'office toutes les contraintes. Payer pour les services bancaires nous semble du dernier mauvais goût. Les mots pour le dire prennent vite une nuance agressive et nous n'accordons aucun crédit — le comble pour un banquier — aux propos parfois alarmistes des responsables bancaires. A cette aune, les services bancaires deviennent pour beaucoup un droit inaliénable, un peu comme un service public que financeraient nos impôts et dont nous devrions profiter sans compter puisque... c'est gratuit ! Là encore, la réalité s'écarte de nos rêves et la gratuité est un leurre car, qu'on l'accepte ou non, le coût des services bancaires est forcément supporté par quelqu'un. "Autant que ce soit par celui qui en profite", nous sommes à peu près tous d'accord pour l'affirmer sauf, bien évidemment, lorsque cela nous concerne personnellement.

La banque a donc aussi ce visage. "L'argent que l'on nous pique", pour reprendre la formule célèbre d'un ministre non moins connu, est plus qu'un symbole, une plaie béante qui entache définitivement nos relations avec le monde bancaire. Là, le sourire n'est plus de mise sauf s'il s'agit de vilipender le banquier, source de tous nos maux... d'argent.

Pour autant, cela ne doit pas nous conduire à ignorer la banque, ses produits et son fonctionnement. Quitte à payer pour être bien servi, autant s'arranger pour se faire bien servir. Car faire le gros dos ou froncer les sourcils ne sert à rien. Mieux vaut toujours connaître le langage de son interlocuteur ; cela permet de se préparer à un dialogue fructueux et d'éviter bien des malentendus. Cela peut se faire de deux manières : avec application si l'on souhaite porter le dialogue à un haut niveau de compétence, avec plus de recul si l'on souhaite simplement converser plus utilement et décrypter les problèmes susceptibles de se poser.

Ces deux démarches sont certes plus complémentaires que réellement opposées. Sauf à prétendre gagner du galon dans le monde de la finance, il sera toujours difficile de tout savoir sur les produits et services bancaires. Ils sont beaucoup trop nombreux et évoluent trop vite pour que le simple particulier en connaisse en permanence toutes les arcanes. Il est plus facile de bien connaître certains produits lorsqu'il apparaît qu'ils répondent à une demande spécifique, à un besoin que l'on s'apprête à satisfaire. Pour la masse des autres services, une connaissance plus fragmentaire suffit amplement. Elle doit permettre de décoder les principaux sigles dont s'embarrasse le jargon bancaire, de bien distinguer les catégories de produits et, sans grand détail, leurs caractéristiques fondamentales.

Pour cela, il existe encore plusieurs attitudes possibles. Nous avons choisi de ne pas transformer ce petit ouvrage en une encyclopédie indigeste de technique financière. Pour faire tout entrer dans ce volume, il eut en effet été nécessaire d'utiliser des caractères minuscules et, parce que cela n'aurait vraisemblablement pas suffi, un papier bible. Ce n'était pas notre souhait et nous avons donc préféré recourir à une solution bien différente.

Et, de fait, grâce aux remarquables illustrations de Piem, le sourire remplace ici avantageusement l'exhaustivité à laquelle nous ne saurions prétendre. Il nous autorise même une certaine part d'arbitraire, voire de provocation et — avec toutes les réserves d'usage — de mauvaise foi. Comme le trait de Piem, le ton de ce livre est léger. Pour autant, le fait de présenter les produits et services bancaires avec force sourire ne signifie pas que l'on renonce au sérieux de l'affaire. On peut sourire de la banque et de l'argent sans compromission sur le fond de la démarche. Rappelons encore une fois, pour éviter toute ambiguïté, que celle-ci reste limitée à une présentation générale et sans prétention de l'univers de l'argent. En quelque sorte, rien d'autre qu'un survol rapide des problèmes que rencontre tout un chacun d'entre nous lorsqu'il prétend gérer ses paiements quotidiens et faire fructifier son argent.

Même à cette échelle, il s'agit d'un bien vaste programme que nous devrons découper en autant de chapitres que de grandes intentions. Puisse notre lecteur y trouver, du moins un sourire, sinon quelques informations suffisamment succinctes pour lui donner le goût d'en savoir plus sans courir le risque de le lasser. Cela est d'ailleurs essentiel : en matière d'argent, les conseilleurs ne sont pas les payeurs et aucun livre ne remplacera jamais le contact direct avec les hommes de l'art. A trop oublier cette règle d'or, on risquerait de ne pas tirer le meilleur parti de la gestion de son argent !

SOMMAIRE

L'argent avec le sourire ... 5

1. Les indispensables ... 11

Introduction ... 12
Les espèces ... 13
Le compte en banque ... 14
Le livret d'épargne ... 15
Le Codévi ... 16
Le livret d'épargne populaire ... 17
Le compte d'épargne-logement ... 18
Le plan d'épargne-logement ... 19
Les comptes à terme ... 20
Les bons de caisse ... 21
Les bons du Trésor ... 22
Les PEP ... 23
Les Sicav monétaires ... 24
Les Sicav ... 25
Les fonds communs de placement ... 26
Les actions ... 27
Les obligations ... 28
Les PEA ... 29
Les SCPI ... 30
L'assurance vie ... 31
Les bons de capitalisation ... 32

2. Les produits à surveiller ... 33

Introduction ... 34
L'or ... 35
Les pièces d'or ... 36
Les pierres précieuses ... 37
La peinture ... 38
Les chevaux de course ... 39
Les vins ... 40
Les vins en copropriété ... 41
La multipropriété ... 42

3. Les valeurs traditionnelles ... 43

Introduction ... 44
La forêt ... 45
La terre ... 46
L'habitation principale ... 47
La résidence secondaire ... 48
L'immobilier locatif ... 49
Le viager ... 50
Le parking ... 51
Les chambres de bonne ... 52

4. Les services au quotidien ... 53

Introduction ... 54
Le chèque ... 55
Le chèque de banque ... 56
La carte bancaire ... 57
Les cartes de prestige ... 58
Les cartes de magasin ... 59
Les virements ... 60
Les prélèvements ... 61
Les extraits de compte ... 62
Les automates bancaires ... 63
L'imprimante libre-service ... 64
Le Minitel ... 65
L'audiotex ... 66
Le compte joint ... 67
Le relevé d'identité bancaire ... 68

5. Découverts et crédits ... 69

Introduction ... 70
Les facilités de caisse ... 71
Le découvert bancaire ... 72
Le crédit revolving ... 73
Le crédit affecté ... 74
Le crédit relais ... 75
La carte de crédit ... 76
Le crédit étudiant ... 77
Les agios ... 78

6. Les trucs à connaître ... 79

Introduction ... 80
Le code confidentiel ... 81
La puce ... 82

Les dates de valeurs 83
La durée de vie d'un chèque 84
Le chèque non barré 85
Les chèques en bois 86
Quand faut-il payer par chèque 87
La magie des intérêts composés 88
Les oppositions 89
La procuration 90

7. Payer moins d'impôts 91

Introduction 92
Le prélèvement libératoire 93
Les franchises d'impôts 94
Les placements exonérés 95
Le seuil de cession de valeurs mobilières ... 96
Le taux marginal d'impositon 97
L'impôt sur la fortune 98

8. Vivre mieux avec son argent................ 99

Introduction 100
J'ai perdu ma carte 101
J'ai perdu mon chéquier 102
J'informe mon banquier 103
Placer "au noir" 104
Avoir une ou plusieurs banques 105
Parler à son banquier 106
J'ai 50 000 francs à placer 107
J'ai 200 000 francs à placer 108
J'ai 1 000 000 francs à placer 109
La fiscalité n'est pas tout 110
Jouer en Bourse 111
La confiance n'exclut pas le contrôle 112
Ne pas changer d'avis tous les jours 113
Gérer son argent tout seul 114

9. Les questions de notre temps 115

Introduction 116
La facturation des services 117
Les comptes rémunérés 118
Le service bancaire de base 119
Les produits packagés 120
La retraite 121
Répartition ou capitalisation ? 122
L'assurance chômage 123
Le surendettement 124
Les interdits bancaires 125
Le télépaiement 126

1. Les indispensables

L'argent, les banques, la Bourse... vous n'y connaissez rien et ne voulez rien en savoir. Fort bien, mais comment allez-vous faire ? Car il est difficile de s'en passer ! Vivre sans compte chèques, c'est vivre sur une île déserte, noyé dans un océan d'incompréhension et submergé de difficultés chaque jour plus conséquentes. Comment recevoir son salaire sans passer par un compte en banque, comment payer ses impôts sans l'aide d'un chèque, comment faire un achat par correspondance sans recourir à tous ces outils bancaires que vous dénoncez pourtant comme autant d'occasions pour votre banquier de vous plumer ?

Non, décidément, la meilleure façon de s'en sortir n'est pas dans cette abstinence sans lendemain. Mieux vaut faire avec. Et pour bien faire, il faut connaître au moins les outils les plus nécessaires de cette panoplie. Voici ceux qui vous seront un jour ou l'autre totalement indispensables.

Les espèces

Disponibilité : immédiate

Rendement : néant

Risques : néant

Frais : néant

Fiscalité : néant

Pièces jaunes, monnaies diverses, billets de plus en plus gros… C'est le parcours initiatique de l'argent tel que nous l'avons tous connu durant nos jeunes années ! Fort heureusement, pour la plupart d'entre nous, l'accumulation jouissive des premières tirelires relève d'un passé plus ou moins lointain. Ce n'est pas le cas de tout le monde : il suffit d'observer quelques instants les queues qui se forment spontanément aux caisses des hypermarchés pour entrevoir furtivement de gros portefeuilles garnis de liasses encombrantes de billets. La sécurité n'y trouve pas nécessairement son compte !

Le temps est toutefois révolu où les espèces jouaient un rôle essentiel dans les paiements de toute sorte. Dans notre monde moderne, la monnaie est rare comme le sont d'ailleurs progressivement devenues d'abord les pièces blanches, puis les pièces jaunes… Désormais, on peut très bien vivre de longues semaines sans avoir sur soi d'autre moyen de paiement qu'un carnet de chèques ou, mieux, une carte.

Le compte en banque

Disponibilité :
immédiate

Rendement :
néant

Risques :
néant

Frais :
faibles à moyens

Fiscalité :
sans objet

Il court, il court... Tantôt baptisé compte chèques en mémoire de la vignette qui lui est encore trop souvent associée, tantôt appelé compte courant parce qu'il est décidément impossible de rattraper son solde sempiternellement glissant, le compte bancaire est une véritable panacée. Impossible de s'en dépêtrer. Il est présent partout et toujours. Faire un pas sans lui dans le froid royaume de l'argent, c'est risquer chaque jour le conflit avec sa banque ! Et si tout passe par lui, c'est sans doute parce qu'il est un élément indissociable de notre identité. Ce n'est sans doute pas par hasard que le fameux R.I.B. dont il faut abreuver toutes nos relations d'argent s'intitule relevé d'identité bancaire.

Mais qui dit compte bancaire, dit aussi budget. Et qui ne connaît les fins de mois difficiles, les trop nombreuses envies et les trous plongeants que des ressources toujours trop maigrichonnes ne parviennent jamais à totalement combler ! Pourtant, cette fuite en avant est coûteuse. Que d'agios indus pour peu qu'une saine gestion de l'argent quotidien évite de transformer le compte en banque en un désastre permanent.

Le livret d'épargne

***D**isponibilité :*
totale

***R**endement :*
faible (4,5 %)

***R**isques :*
néant

***F**rais :*
néant

***F**iscalité :*
néant

Au commencement était le livret. Ouvert à la naissance par une marraine attentionnée, il est bien souvent le premier contact avec la banque. Un contact bien distant à cet âge où les soucis d'argent sont encore à venir !

Pourtant, tout change très vite. Un jour, il ressort du tiroir où on l'a oublié. Du jour au lendemain, il devient une arme fiscale dont on brandit l'exonération comme un droit acquis dans les temps immémoriaux de l'enfance. "A" à la Poste ou dans les Caisses d'épargne, "bleu" au Crédit Mutuel… qu'importe, il a toutes les vertus. C'est vrai qu'il est facile d'usage, que l'épargne y dort à l'abri des incertitudes et dans une totale sécurité. Rarement, un produit bancaire a fait une telle unanimité : de la naissance au soir de la vie, il rend les mêmes services sans prendre une seule ride. Dommage que sa rémunération ait été rattrapée dans sa chute par une inflation qui avait décidément bien des vertus !

Le Codévi

Disponibilité : totale

Rendement : faible (4,5 %)

Risques : néant

Frais : néant

Fiscalité : néant

C'était au temps où le livret d'épargne était pris d'assaut par des générations entières d'épargnants. Tous les gouvernements se sont cassés les dents sur une impossible équation : rien ne permettait de dévier cette épargne "stérile" vers les financements "productifs" nécessaires au bien-être de la Nation. En clair, il fallait trouver un moyen d'étancher les besoins financiers de cette industrie tellement avide d'argent. Ce fut le Codévi.

Sans risques parce que doté des mêmes atouts que le livret, le *compte pour le développement industriel* — encore un de ces noms vite oubliés au profit d'une abréviation obscure — est vite devenu le livret bis. Hélas, son plafond réduit n'en fait qu'un parent pauvre. Bien sûr, les 15 000 francs d'épargne qu'il autorise complètent utilement les 100 000 francs du livret A ou bleu, mais qui songe encore à immobiliser de telles sommes sur de simples livrets ?

Le livret d'épargne populaire

Disponibilité : totale

Rendement : moyen (5,5 %)

Risques : néant

Frais : néant

Fiscalité : néant

Dans la grande famille des livrets d'épargne, le L.E.P. — un nom qui sonne comme un lycée — est sans doute le moins connu. Peut-être même est-il le moins utilisé. Il est pourtant le mieux rémunéré de tous les livrets et, de surcroît, le mieux protégé de l'inflation puisqu'une prime spéciale en aligne le rendement sur le niveau de la hausse des prix dès lors que cette dernière dépasse 5,5 %. De plus, son plafond atteint 40 000 francs, ce qui dépasse nettement les maigres possibilités du Codévi.

En dépit de ces caractéristiques flatteuses, le L.E.P. est affligé d'une rare tare puisqu'il oblige chacun de ses détenteurs à faire valoir ses droits en remettant à son banquier la preuve qu'il paie moins de 1 740 francs d'impôts (chiffre de 1992). Ce livret est en effet le seul placement "populaire" à vraiment mériter son nom car son usage est réellement réservé aux ménages faiblement imposés. Mais cela mérite-t-il que l'on soit montré du doigt ?

Le compte d'épargne-logement

***D**isponibilité :*
moyenne
(18 mois)

***R**endement :*
faible (4 %)

***R**isques :*
néant

***F**rais :*
néant

***F**iscalité :*
néant

Là, les choses deviennent plus sérieuses. L'épargne est tout à coup l'expression d'un projet. Même si les choses ne sont pas encore bien claires et si les engagements sont loin d'être fermes, l'envie de devenir un jour propriétaire de son logement guide peu à peu les pas de l'épargnant. La promesse d'un prêt à taux réduit (jusqu'à 150 000 francs à 4,25 %) pour une acquisition à venir permet d'accepter pour son épargne une rémunération qu'en d'autres temps on eut rejeté. Mais qu'importe, votre future maison vous tend déjà les bras.

Limité à 18 mois et offrant la souplesse de versements quasiment libres, l'engagement du compte d'épargne-logement — dans son jargon, le banquier parle de C.E.L. — reste au demeurant parfaitement supportable, même pour les petits budgets. En cas de revirement, le seul véritable risque est d'avoir su se contraindre à constituer une épargne régulière. Ce qui, on en conviendra aisément, est un moindre mal.

Le plan d'épargne-logement

Disponibilité :
faible
(4 ans)

Rendement :
moyen (6 %)

Risques :
néant

Frais :
néant

Fiscalité :
néant

En matière d'épargne-logement, le plan est au compte ce que le remboursement d'un prêt immobilier est au versement d'un loyer à son propriétaire : une promesse de liberté. Au bout de vingt années de durs efforts — cinq pour l'épargne préalable, quinze pour rembourser sa dette —, il sera enfin possible d'être maître de son "chez soi".

Cela mérite bien que l'on planifie les efforts. Car il faut un minimum de quatre années et l'engagement de versements réguliers pour que le plan d'épargne-logement — dans son jargon, le banquier parle de P.E.L. — ait une réelle utilité. Interdit aux dilettantes, le plan d'épargne-logement sait honorer les véritables sacrifices. Car, lorsque vous arriverez au bout de vos peines, une prime de l'Etat viendra améliorer le rendement de votre épargne et, suprême récompense, votre épargne accumulée ouvrira les cordons de la bourse sous la forme d'un prêt à un taux réellement préférentiel (jusqu'à 600 000 francs à 6,32 %) qui rendra enfin possible votre accession à la propriété.

Les comptes à terme

D*isponibilité :*
moyenne
(3 mois à 5 ans)

R*endement :*
moyen
(6 à 7 %)

R*isques :*
néant

F*rais :*
néant

F*iscalité :*
forte (38,1 %)

Des placements, il en existe de toutes sortes, pour toutes les bourses et pour tous les objectifs. Les comptes à terme sont parmi les plus faciles à suivre. En contrepartie d'un blocage de votre argent sur une période plus ou moins longue, vous êtes assuré de recevoir une rémunération raisonnable. Celle-ci peut être perçue à l'échéance ou, grâce à un savant montage, sous la forme de revenus trimestriels. Mais gare au fisc qui prélèvera une part non négligeable de votre rémunération (38,1 % pour être précis).

Les comptes à terme constituent une solution intéressante si vous disposez d'une certaine somme d'argent pour une durée de plus d'un an. Pour autant, ne vous attendez pas à des miracles. Car, pour le plus grand malheur de votre banquier, les si volatiles Sicav monétaires sont, aujourd'hui encore, bien mieux rémunérées que les comptes à terme, surtout si l'on tient compte de leur fiscalité — toujours susceptible d'être revue, et ce dans un sens plus défavorable.

Les bons de caisse

Disponibilité :
moyenne
(3 mois à 5 ans)

Rendement :
moyen à fort
(5 à 8 %)

Risques :
néant

Frais :
néant

Fiscalité :
élevée (38,1 %)

Voilà une espèce de placement en voie de disparition. Naguère l'un des produits majeurs de la relation bancaire, les bons de caisse ont de moins en moins la faveur de nos concitoyens. Cela s'explique en grande partie par les pénalités contraignantes qui s'appliquent aux bons anonymes que l'on pouvait se passer de la main à la main jusqu'à ce que le fisc y mette bon ordre.

Désormais, l'anonymat se paie cher. Que l'on en juge : au prélèvement libératoire de 53,1 % s'ajoute un impôt de 2 % pour chaque "1er janvier" qui s'est écoulé entre la date de souscription et la revente du bon. A ce prix, l'anonymat est un luxe ! De toute manière, si rien ne vous interdit de vous faire connaître du fisc, le bon de caisse n'est sans doute pas le meilleur mode de placement.

Les bons du Trésor

Disponibilité : réduite (1 à 5 ans)

Rendement : moyen (6 à 8 %)

Risques : néant

Frais : néant

Fiscalité : élevée (38,1 %)

Cette version patriotique des bons de caisse cache en réalité un marché abondant — car l'Etat a toujours besoin d'argent — qui fait l'objet de spéculations effrénées sur les marchés à terme de produits financiers réservés aux professionnels.

Ces placements sont néanmoins sans risques pour le particulier qui peut allégrement prêter son épargne en vue de favoriser le bon équilibre des finances publiques. L'Etat pouvant être considéré comme présentant des garanties suffisantes de remboursement, ces bons restent assez prisés même s'ils n'ont guère plus d'attrait que les plus ordinaires bons de caisse. Il faut noter qu'il existe différentes catégories de bons du Trésor. Dans leur forme classique, ils peuvent être anonymes comme les bons de caisse mais les remarques sur la fiscalité de ces derniers s'appliquent également à ces placements publics.

Les P.E.P.

D*isponibilité :*
réduite
(8 ans)

R*endement :*
élevé
(6 à 8 %)

R*isques :*
faibles

F*rais :*
faibles à moyens

F*iscalité :*
néant

D'accord, il est toujours bien assez tôt pour penser à sa retraite. Mettons néanmoins de côté les aspects dévalorisants du vieillissement pour admettre, cette fois-ci sans trop de problèmes, que l'enjeu financier est suffisamment important pour que l'on accorde quelque attention à la préparation de sa future retraite. A cet égard, le plan d'épargne populaire — qui répond bien mal à l'appellation banale de P.E.P. — est le placement idéal des hommes et des femmes avisés qui savent ce que prévoir veut dire.

Le plan d'épargne populaire est aussi une formule d'épargne à long terme bénéficiant d'une fiscalité favorable. Mais prenez garde, comme tous les produits de ce type, la rupture anticipée du plan provoque des conséquences fiscales pas forcément agréables. Il serait toutefois bien dommage de ne pas mener à terme un tel plan. Le confort de la retraite vaut bien quelques sacrifices immédiats !

Les Sicav monétaires

***D**isponibilité :*
forte

***R**endement :*
élevé
(8 à 10 %)

***R**isques :*
faibles

***F**rais :*
moyens

***F**iscalité :*
faible
(0 ou 18,1 %)

Se répandant comme des champignons, les Sicav monétaires ont progressivement cannibalisé l'épargne des ménages français. Il est vrai que la rémunération attractive de ces placements sans risques, disponibles à tout moment et, de surcroît, peu imposés avait de quoi les attirer. Pourquoi en effet se priver d'un rendement qui a longtemps frisé les 10 %, un niveau de rémunération que l'on ne trouve nulle part ailleurs, pas même sur des obligations à long terme.

A partir de 1993, les choses changent. Il suffira de céder, en une ou plusieurs fois, plus de (environ) 168 000 francs (le plafond définitif sera fixé par la loi de finances pour 1994) de Sicav monétaires pour que les plus-values réalisées soient imposables (au taux de 18,1 %). Attention, ce seuil n'est pas aussi élevé qu'il paraît : il suffit de quelques allers-retours dans une année pour le dépasser. Autant dire qu'il faut renoncer à placer de la sorte tous les excédents momentanés de liquidités. D'ailleurs, les frais qui s'appliquent à la revente de ces Sicav sont en eux-mêmes suffisamment dissuasifs.

Les Sicav

D*isponibilité :*
forte

R*endement :*
très variable

R*isques :*
moyens à forts

F*rais :*
moyens

F*iscalité :*
moyenne

Au-delà des incontournables "monétaires", les Sicav constituent plus généralement une forme de placement qui mérite toute votre attention. Une Sicav, c'est en quelque sorte un portefeuille collectif de valeurs mobilières géré par les experts d'un établissement financier. Souscrire une action de Sicav, c'est donc une manière d'accéder à la Bourse en profitant des connaissances des spécialistes de cette banque. Comme il existe de très nombreuses Sicav avec des spécialisations variées, il est facile de se constituer un portefeuille tenant compte d'objectifs personnels même très pointus. En somme, quelques milliers de francs suffisent pour se payer une gestion véritablement professionnelle.

Mais, attention, tout l'attrait de ce placement réside dans la bonne adéquation des Sicav retenues avec ses propres objectifs. Ainsi, il est inutile de se plaindre de l'absence de distribution de dividendes si l'on a choisi une Sicav de capitalisation dont la caractéristique est justement de ne pas distribuer de revenus. De même, on ne privilégiera pas des Sicav axées sur des valeurs de croissance si l'on n'est pas prêt à subir les contrecoups du marché. Fut-ce au travers de Sicav, la Bourse, ce n'est pas le livret d'épargne !

Les fonds communs de placement

Disponibilité : forte

Rendement : très variable

Risques : moyens à forts

Frais : moyens

Fiscalité : moyenne

Après une distinction très nette dans le passé, les fonds communs de placement — votre banquier parle plus volontiers de F.C.P. — ne sont rien de plus ni de moins que des Sicav. Les différences entre les deux formes d'O.P.C.V.M. — derrière cet obscur jargon d'initié se cachent tout simplement les *organismes de placement collectif en valeurs mobilières* — n'intéressent plus guère que les juristes, autant donc les ignorer. Sachez toutefois que, dans un cas, vous achèterez des actions (Sicav) et que, dans l'autre, il s'agira de parts (fonds communs de placement).

Comme les Sicav, les fonds communs de placement sont abondamment diversifiés. Placés en valeurs monétaires, ils assurent un revenu constant sans les risques de la Bourse. Placés en obligations, ce sont généralement des placements de bons pères de famille. Placés en actions, ils sont capables du pire et du meilleur — c'est alors peu de dire qu'ils manquent de constance — mais le meilleur dépendra également de la patience de leur détenteur : inutile d'espérer faire fortune en quelques semaines !

Les actions

***D**isponibilité :*
forte

***R**endement :*
aléatoire

***R**isques :*
forts

***F**rais :*
moyens à élevés

***F**iscalité :*
moyenne

Voilà enfin la Bourse en direct avec son cortège de rêves spéculatifs et de déraison. Les actions sont en effet les vedettes des marchés boursiers, porteuses d'hypothétiques plus-values en même temps que de substantiels risques. C'est, en tout cas, un placement à éviter lorsque l'on ne dispose pas d'un patrimoine financier suffisant, lorsque l'on ne peut accepter de bloquer durablement son épargne et lorsque les moins-values qu'il faudra bien un jour dégager de la revente de titres dépréciés seront ressenties comme une insupportable gêne.

Si vous êtes dans l'un de ces cas, inutile de persévérer. Si pourtant la Bourse vous démange, préférez aux actions les Sicav et fonds communs de placement qui vous permettront de jouer la Bourse tout en limitant les risques. Dans le cas contraire, efforcez-vous de devenir un spécialiste des marchés et faites tout ce qu'il faut pour cela : il n'y a pas de meilleure recette pour réussir. Sachez tout de même qu'il faudra y consacrer beaucoup de temps et faire preuve de patience.

Les obligations

Disponibilité : forte

Rendement : moyen à élevé (6 à 9 %)

Risques : moyens à forts

Frais : moyens

Fiscalité : moyenne

Tandis que les actions constituent — théoriquement tout au moins, tant les actionnaires ont de moins en moins de prise sur la gestion des sociétés — des titres de propriété, les obligations ne sont que des titres de créances. Elles ne donnent donc aucun droit sur le patrimoine de l'entreprise elle-même, sauf bien sûr si elles sont convertibles en actions. Par contre, leur remboursement est garanti à l'échéance — à moins bien sûr que l'entreprise émettrice n'ait fait faillite.

En dépit de cette caractéristique, les obligations peuvent perdre de la valeur en Bourse. Leur cours dépend en effet de leur rendement. Lorsque les taux d'intérêt montent, le cours des obligations a tendance à baisser et vice versa. Ce jeu des vases communiquants contribue à égaliser les rendements entre nouvelles et anciennes obligations. A moins de conserver les titres jusqu'à leur échéance, les obligations présentent donc également des risques de décote. Sauf si l'on choisit prudemment de faire appel à des Sicav ou des F.C.P. privilégiant les placements obligataires. Là encore, les spécialistes travaillent pour vous !

Le P.E.A.

Disponibilité :
faible
(5 ans)

Rendement :
moyen à élevé
(4 à 8 %)

Risques :
nuls à forts

Frais :
moyens

Fiscalité :
néant

Une autre manière de s'intéresser à la Bourse, c'est de profiter des avantages du récent plan d'épargne en actions — P.E.A., encore une abréviation que l'on aura bien du mal à distinguer des P.E.P. et autres P.E.L. Mais, comme son nom ne l'indique pas, le P.E.A. n'est pas nécessairement destiné à abriter des actions. Connaissant le peu d'intérêt d'une large partie de leur clientèle pour les placements en actions et autres valeurs mobilières — à voir l'évolution des marchés, on comprend que l'on puisse hésiter —, les banques ont imaginé de transformer un placement a priori risqué en un placement de bon père de famille.

Désormais, on peut accéder à la Bourse sans encourir les risques correspondants. Par le jeu d'*effets de cliquet* — cela, c'est réellement le summum de la technique financière —, votre banquier peut en effet vous faire profiter de toutes les hausses du marché sans en subir les baisses. Pour définir le cliquet, imaginez une sorte de butoir qui empêche définitivement le cours de vos actions de baisser. En contrepartie, votre rentabilité sera certes inférieure mais le jeu n'en vaut-il pas la peine ?

Les S.C.P.I.

***D**isponibilité :*
très faible

***R**endement :*
moyen
(3 à 6 %)

***R**isques :*
forts

***F**rais :*
forts

***F**iscalité :*
forte
(revenus fonciers)

Là, on quitte complètement le marché boursier pour s'intéresser à l'immobilier. Mais l'immobilier sous la forme de parts de *sociétés civiles de placements immobiliers* (S.C.P.I.), la fameuse "pierre-papier". C'est un bon moyen pour accéder à l'immobilier de rapport sans les soucis de gestion qui lui sont généralement associés. C'est aussi un outil de diversification de votre patrimoine, une manière de ne pas placer tous vos œufs dans le même panier.

Attention toutefois, la pierre-papier a les mêmes inconvénients que l'immobilier en direct. C'est un placement de longue haleine avec lequel on fait rarement fortune en quelques mois. Il faut donc à la fois être en mesure de bloquer son épargne pendant de longues années et disposer de capitaux suffisamment importants pour réaliser une opération équilibrée. On peut aussi acheter des S.C.P.I. à crédit mais, sauf à y trouver son compte sur le plan fiscal, est-ce franchement raisonnable en ces temps de crise de l'immobilier. A réserver aux amateurs avertis !

L'assurance vie

Disponibilité : réduite (8 ans)

Rendement : élevé (6 à 9 %)

Risques : néant

Frais : moyens

Fiscalité : néant

Non, il n'est décidément pas possible de se passer de l'assurance vie. Déjà, il ne serait pas raisonnable de se priver de la réduction annuelle d'impôts que permet cette épargne (1 000 francs + 250 francs par enfant à charge). Mais, plus encore, voilà un placement dont le capital et le revenu sont garantis (au moins 4,5 % par an), le tout en franchise d'impôts pour peu que l'on ait la patience d'attendre huit (petites) années. Et puis, l'assurance vie, c'est enfin la possibilité de percevoir un capital ou une rente à l'heure de la retraite. En somme, c'est une façon d'accroître par son épargne présente ses revenus futurs.

Contrairement à ce que son nom donne à penser, l'assurance est très peu présente dans cette forme d'épargne, sinon au travers de l'exonération de droits de succession qui permet de favoriser ses proches en cas de décès. Il ne faut pas confondre assurance décès et assurance vie. La première est une véritable assurance à fonds perdu — vous ne récupérez pas vos cotisations à l'échéance du contrat — tandis que la seconde n'est, comme on vient de le voir, qu'un placement.

Les bons de capitalisation

***D**isponibilité :*
réduite
(8 à 12 ans)

***R**endement :*
élevé
(6 à 9 %)

***R**isques :*
néant

***F**rais :*
moyens

***F**iscalité :*
néant

Forme particulière de l'assurance vie, les bons de capitalisation — les banquiers parlent volontiers de *bons de capi* — ne donnent pas droit à tous les avantages de l'assurance. Ainsi, ils ne permettent pas de profiter de la réduction d'impôts de 1 000 francs + 250 francs par enfant à charge. Par contre, les intérêts de ces bons se cumulent d'année en année — c'est la capitalisation — et donnent droit, pour peu que le placement soit conservé au moins 8 ans, à l'exonération d'impôts. Attention toutefois aux bons anonymes qui sont, quant à eux, lourdement imposés (voir "bons de caisse" page 21).

Bien que détrônés depuis quelques années par le P.E.P. puis le P.E.A, les bons de capitalisation présentent néanmoins de sérieux atouts. Ils permettent de faire fructifier en franchise d'impôts un capital dont on n'a pas immédiatement l'usage. La rentabilité, généralement connue à l'avance, est souvent élevée. En somme, les bons de capitalisation ont tous les attraits d'un bon placement.

2. Les produits à surveiller

Bien sûr, vous pourrez être séduit par les promesses de placements particulièrement lucratifs que l'on vous proposera à un moment ou à un autre. N'oubliez jamais pour autant que les miracles sont rares en ce bas monde. D'ailleurs, s'il existait réellement des placements capables de rivaliser durablement de performances avec la croissance astronomique d'une courbe exponentielle, cela se saurait !

En la matière, la prudence est encore la meilleure des sûretés. Quel que soit votre interlocuteur, il serait suicidaire de lui faire confiance d'emblée, sans prendre le soin de vérifier les informations reçues et de recueillir les avis de personnes autorisées. Trop de particuliers mal conseillés ont perdu une part conséquente de leur capital pour avoir oublié cette précaution élémentaire.

Cela dit, les placements non financiers ne sont pas tous à rejeter systématiquement. Certains d'entre eux peuvent s'intégrer harmonieusement dans une politique de diversification du patrimoine. Parfois même en y ajoutant le plaisir lorsqu'il s'agit de peinture, de bijoux ou, pourquoi pas, de bon vin…

L'or

Disponibilité : bonne

Rendement : aléatoire

Risques : élevés

Frais : élevés

Fiscalité : forte

Longtemps "valeur refuge", l'or a progressivement perdu de son attrait. Cela n'empêche guère certains gourous d'annoncer périodiquement une remontée spectaculaire des cours. Même si les mouvements spéculatifs sur cette matière doublement précieuse — par sa valeur et son utilisation en bijouterie bien sûr, mais aussi par son contenu psychologique — peuvent susciter un jour une flambée des cours, rien ne permet de recommander l'or autrement que dans un souci de diversification.

Si l'on en doutait, il suffirait de se rappeler que les transactions sur l'or sont lourdement taxées. L'Etat prélève ainsi une taxe de 7,5 % sur chaque vente d'or, ceci que le vendeur ait ou non réalisé une plus-value à cette occasion. A ce prix, les arbitrages sur le métal précieux sont coûteux et fort peu rémunérateurs. Oublions les vieux réflexes, l'or ne sera plus jamais cette monnaie universelle et intemporelle que nos grands-parents thésaurisaient avec ardeur !

Les pièces d'or

Disponibilité : moyenne

Rendement : aléatoire

Risques : élevés

Frais : élevés

Fiscalité : forte

L'or, cela peut également être ces fameuses pièces que nous ont parfois léguées nos grand-mères ou que, cédant à une impulsion incontrôlée, on s'est un jour pris à acheter en Bourse ou auprès de quelque officine spécialisée. S'il s'agit de pièces cotées, leur valeur est facile à établir : il suffit de consulter la cote d'un journal spécialisé (par exemple *Les Echos* ou *La Tribune Desfossés*) pour en connaître le cours. Les pièces les plus anciennes — en principe celles émises avant la Révolution de 1789 — relèvent de la numismatique et peuvent, dans certains cas, avoir une valeur qui dépasse sensiblement le prix de l'or qu'elles contiennent.

Seules les pièces en parfait état, livrées sous sachet plombé et accompagnées d'un certificat délivré par une banque ou une maison spécialisée, peuvent être vendues en Bourse. Un napoléon rayé — à plus forte raison s'il est monté en bague ou en médaillon — ne vaut guère plus que son poids d'or ! Pour ce qui concerne le régime fiscal, reportez-vous à l'or (voir page 35).

Les pierres précieuses

Disponibilité : faible

Rendement : aléatoire

Risques : élevés

Frais : élevés

Fiscalité : forte

Comme l'or, le diamant et les pierres précieuses gardent un caractère symbolique. Biens rares par excellence, ils suscitent un engouement légitime. Pour autant, il s'agit davantage de bijoux que de placements financiers à proprement parler. Les placements en pierres précieuses doivent en effet répondre à des critères exigeants de qualité — seules les plus belles pierres trouveront acquéreur —, de sécurité — sans certificat indiscutable, la revente est impossible — et de conservation — point de salut hors du sachet scellé.

A ces conditions draconiennes, il faut ajouter les aspects fiscaux qui sont eux-mêmes rédhibitoires : TVA au taux de 18,6 % lors de l'achat, taxe forfaitaire de 7 % sur les hypothétiques plus-values dès lors que le prix de vente est supérieur à 20 000 francs. Les frais sur les transactions (comptez 5 %) et la décote qu'appliquera immanquablement l'acheteur lors de la revente réduisent encore les espoirs de gains. Tout cela explique que beaucoup d'investisseurs aient perdu de l'argent sur les pierres précieuses !

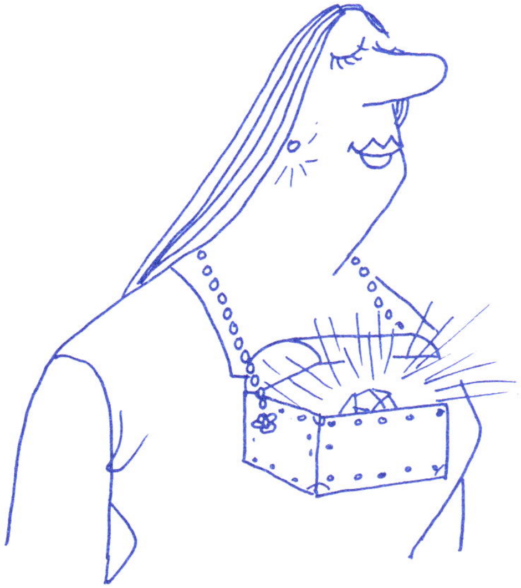

La peinture

***D**isponibilité :*
faible

***R**endement :*
aléatoire

***R**isques :*
élevés

***F**rais :*
élevés

***F**iscalité :*
forte

Longtemps réservée à de rares initiés, la peinture intéresse progressivement une clientèle plus large. Pour autant, il serait illusoire et dangereux de réduire l'art à un placement financier. Le marché est bien trop restreint, fragile et spécialisé pour que n'importe qui puisse y faire fortune en achetant une toile les yeux fermés.

Comme tous les placements de plaisir, la peinture est un art délicat qui réclame de sérieuses connaissances, beaucoup de patience et quantité de relations. Dans ces conditions et, sauf à disposer des conseils indispensables ou à prétendre devenir expert ès impressionnistes ou surréalistes, pourquoi ne pas oublier le placement pour s'en tenir au plaisir d'acquérir puis de posséder et de montrer une toile pour sa seule beauté ? Tant mieux si elle prend de la valeur en vieillissant, elle n'en sera que plus chère à vos yeux ! Mais, de grâce, ne confondez pas peinture et Bourse. Car, sans l'appui d'experts reconnus, vous risqueriez de sérieuses déconvenues.

Les chevaux de course

Disponibilité :
faible

Rendement :
faible

Risques :
élevés

Frais :
élevés

Fiscalité :
faible

Voilà un autre placement de plaisir. Car, si vous souhaitez acquérir un cheval de course avec l'espoir de réaliser immédiatement des gains substantiels, il serait franchement bien plus sûr de faire confiance au P.M.U. La probabilité de gagner de l'argent en jouant au tiercé est en effet sans commune mesure avec les improbables chances de réussite que vous promet l'acquisition d'un cheval de course. A moins, bien entendu, d'avoir beaucoup de talent et une chance extraordinaire.

Un bon cheval, cela représente en effet un capital important — plusieurs centaines de milliers de francs pour un *yearling* capable de faire bonne figure — et des frais qui sont loin d'être négligeables. De plus, il vous faudra entretenir votre animal, c'est-à-dire le nourrir, le soigner et l'entraîner. Cela représente souvent une somme importante, pas loin de 20 000 francs par mois si vous confiez votre animal à un entraîneur particulièrement qualifié. En contrepartie, vous aurez certes le plaisir de posséder un bel animal et l'espoir d'avoir tiré le bon numéro !

Les vins

***D**isponibilité :*
faible
***R**endement :*
aléatoire
***R**isques :*
élevés
***F**rais :*
moyens
***F**iscalité :*
moyenne

On oublie souvent le vin lorsqu'on parle de placements. En fait, le bon vin n'a pas moins d'atouts, bien au contraire, que l'art ou les chevaux de course. Pour autant, il s'agit encore d'un placement qui réclame une bonne connaissance du marché. Quitte à faire un placement, autant ne pas acheter n'importe quel vin à n'importe quel prix ! Surtout en cette époque de crise où le cours des vins a plutôt tendance à baisser.

Cela dit, les grands classiques restent des valeurs sûres. Un Petrus, un Château Yquem ou un Romanée-Conti des bonnes années garderont toujours leur prestige et leur valeur. Pour profiter de la plus-value que permet leur conservation — attention à la température de votre cave —, il faut toutefois passer par une vente aux enchères. En dehors de celles-ci, il n'existe pas de marché capable de constater la hausse des meilleurs vins. Aussi, à moins de conditions exceptionnelles, achetez vos vins pour le plaisir de votre palais et celui de vos amis. A bien des égards, c'est encore là le meilleur et le plus sage des placements.

Les vins en copropriété

Disponibilité :
faible

Rendement :
faible

Risques :
moyens

Frais :
moyens

Fiscalité :
moyenne

Il existe une autre manière de s'intéresser au vin en tant que placement. C'est la souscription de parts de groupements fonciers viticoles. Ce type de placement nécessite une mise de fonds élevée, de l'ordre bien souvent de 50 000 à 100 000 francs. En contrepartie, et c'est ce qui fait l'originalité de ce placement, les dividendes annuels prennent la forme de bouteilles de vin. Autant dire que l'on marie intérêt et plaisir, surtout lorsqu'il s'agit de grands crus classés ! Et, bien entendu, le capital — constitué des vignobles, du matériel et des immeubles, mais aussi des stocks de vins en cours de vieillissement — continue à se bonifier d'année en année…

Cette formule enregistre un gros succès. Il est en effet plus difficile de trouver les châteaux qui peuvent faire l'objet de ce morcellement entre de multiples copropriétaires que de réunir les capitaux correspondants. Une preuve supplémentaire, s'il en était encore besoin, que les amateurs de bons vins sont de plus en plus nombreux.

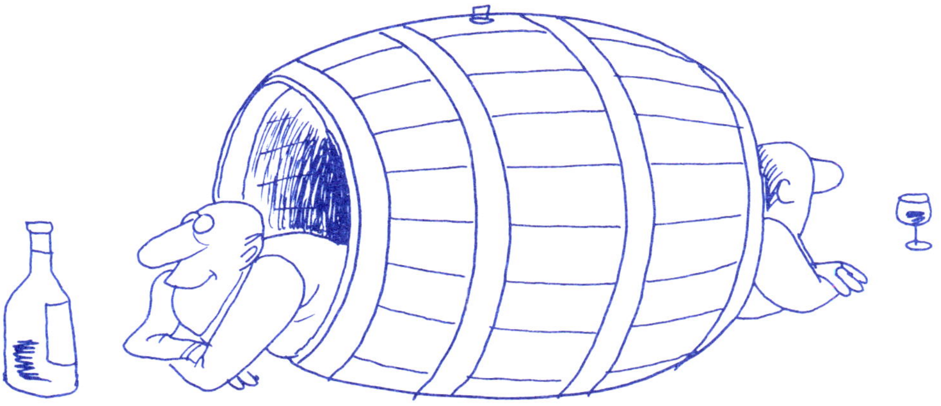

La multipropriété

***D**isponibilité :*
faible

***R**endement :*
nul à faible

***R**isques :*
élevés

***F**rais :*
élevés

***F**iscalité :*
forte

Vivent les vacances ! Mais, inutile de se voiler la face, la propriété partagée n'a rien à voir avec un placement. Qu'achète-t-on en définitive dans cette formule sinon un droit d'usage limité dans le temps ? Cela évite peut-être les incertitudes de la location, mais avec le risque de se lasser de devoir systématiquement passer ses vacances au même endroit et à la même époque. Il existe certes des bourses d'échange mais, comme par hasard, les dates et les lieux qui vous intéressent sont aussi les plus demandés. Difficile d'obtenir satisfaction quand la demande dépasse l'offre.

Côté placement, inutile d'espérer tirer de sérieux revenus de la location de vos "semaines". Cet exercice est suffisamment aléatoire pour que l'on n'en tienne pas compte dans le bilan global. Et si, d'aventure, vous trouvez preneur, rappelez-vous, lors de l'établissement de votre déclaration de revenus, qu'il vous faudra déclarer les recettes correspondantes comme des bénéfices industriels et commerciaux.

3. Les valeurs traditionnelles

La tradition est plus que tenace. Rien n'y fait, pas même la chute des prix de l'immobilier ou le gel des terres agricoles. La terre, la forêt, les immeubles... bref toutes les valeurs traditionnelles restent singulièrement prisées.

Si, la crise aidant, les intentions d'achat deviennent pour beaucoup... des intentions, il en faudrait bien plus pour que les Français logés en location renoncent définitivement à acquérir leur maison ou leur appartement. Un jour viendra où la progression des revenus, l'épargne constituée mois après mois, la baisse des taux d'intérêt sur les crédits immobiliers et le niveau plus raisonnable des prix rendront enfin possible l'opération d'accession.

Mais la terre et, plus largement, les valeurs traditionnelles ne peuvent se limiter à la seule habitation principale. Les Français ont la même ardeur pour tout ce qui concerne le foncier et l'immobilier.

La forêt

Disponibilité :
faible

Rendement :
faible
(3 à 4 %)

Risques :
élevés

Frais :
élevés

Fiscalité :
faible

De tous les placements abordés dans cet ouvrage, la forêt est indiscutablement celui qui nécessite le plus de patience ! Planter un arbre, c'est faire un investissement sur le très long terme. Il faut en effet attendre jusqu'à 70 ans pour couper avec profit une plantation de chênes ! Autant dire que vous investissez pour vos enfants, voire même pour vos petits-enfants. En contrepartie de cet engagement au profit des générations à venir, le statut fiscal de la forêt est toutefois très favorable, en particulier en matière de succession. Outre une indiscutable dimension affective, cela explique une large part de l'attrait de la forêt.

Posséder une forêt, cela signifie aussi être en mesure de faire face aux charges d'entretien. Les incendies de l'été sont autant d'occasions de rappeler leurs obligations aux propriétaires. La forêt, cela coûte d'autant plus cher qu'il faut disposer d'au moins 100 hectares pour gérer efficacement une parcelle. Au prix de l'hectare (parfois 100 000 francs et plus), cela représente un joli pactole ! On privilégiera donc les *groupements forestiers* à l'investissement direct.

La terre

***D**isponibilité :*
faible

***R**endement :*
faible
(1 à 3 %)

***R**isques :*
faibles

***F**rais :*
élevés

***F**iscalité :*
faible

Pour les Français, la terre a bien souvent le même attrait que les métaux précieux. Posséder de la terre, c'est pour beaucoup synonyme de réussite et de prestige. "La terre, c'est un capital", entend-on parfois. Hélas, la réalité est bien différente. La terre a en effet perdu la moitié de sa valeur durant les années quatre-vingt. Même si ce bilan est très variable selon les types de propriétés et, si les dernières années semblent dénoter une relative amélioration, tout cela n'en incite pas moins à la prudence. N'oubliez pas toutefois que la terre est un placement à très long terme : sa rentabilité ne peut s'apprécier que sur de longues années !

La terre, on peut la posséder en direct ou sous forme de parts de groupements fonciers agricoles (les G.F.A.) qui permettent aux jeunes de reprendre l'exploitation familiale en évitant les problèmes de succession. Pour l'investisseur, cette formule a un double avantage : d'une part la terre est gérée par des professionnels, d'autre part la mise de fonds peut être réduite. Sur le plan fiscal, la terre est peu favorisée à l'achat et à la revente ; elle permet par contre d'échapper partiellement aux droits de succession.

L'habitation principale

Disponibilité : faible

Rendement : nul

Risques : faibles

Frais : élevés

Fiscalité : faible

L'habitation principale est le premier élément patrimonial pour plus de la moitié des ménages français. Car, ne le négligeons pas, la maison ou l'appartement familial est aussi un placement. Cela se traduit à plusieurs niveaux : d'une part le fait d'être propriétaire permet d'économiser un loyer, d'autre part cela facilite l'endettement futur, enfin la valeur des murs constitue un capital qui peut être utile en cas de problèmes graves. Seul travers, la disponibilité de ce placement pas comme les autres est très faible. Non seulement parce qu'il n'est pas toujours aisé de vendre rapidement un bien immobilier — en particulier lorsque son emplacement n'a pas été étudié avec soin —, mais surtout parce qu'il faut trouver un substitut au logement dont on se sépare…

Ceci dit, l'habitation principale est choyée par le fisc qui autorise, pour son acquisition comme pour son entretien, toute une batterie de déductions et autres réductions d'impôts. A ces aides indirectes s'ajoutent parfois, sous diverses conditions, des aides beaucoup plus directes en faveur des ménages à faibles revenus. Il n'y a malheureusement pas de miracles : l'acquisition immobilière reste un parcours difficile.

La résidence secondaire

Disponibilité : faible

Rendement : nul

Risques : moyens

Frais : élevés

Fiscalité : forte

Une fois l'habitation principale acquise et définitivement payée, on peut être tenté par l'acquisition d'une résidence secondaire. Là, la notion de placement apparaît dans la valeur du bien acquis qui vient accroître d'autant le patrimoine familial. Ce dernier devient de surcroît plus liquide puisqu'il est plus facile de vendre une résidence secondaire que son propre logement.

Bien située, une résidence secondaire peut également autoriser un revenu d'appoint. Lorsqu'on ne les occupe pas, la location d'un chalet en montagne ou d'un appartement en bord de mer peut devenir intéressante, à condition toutefois de ne pas être trop regardant sur les dégâts qu'entraînera inévitablement une utilisation plus importante et plus diversifiée — il est difficile de demander à des locataires d'apporter les mêmes soins que vous à l'entretien de votre bien. Ces revenus sont imposés sous forme de bénéfices industriels et commerciaux. Attention, qui dit résidence secondaire, dit aussi risques de vol accrus. Assurez-vous dans les meilleures conditions.

L'immobilier locatif

Disponibilité : faible

Rendement : faible à moyen (1 à 6 %)

Risques : moyens

Frais : élevés

Fiscalité : moyenne

Avec l'immobilier locatif, on change de catégorie. Il n'est en effet plus question d'occupation pour soi-même, fut-ce temporaire, mais d'un capital qu'il faut faire fructifier. Pas facile dans la conjoncture actuelle ! Les prix d'acquisition trop élevés ont contribué à réduire le rendement final de ce type de placement. Même si la conjoncture maussade et la pénurie de logements à louer dans certaines grandes villes ont conduit les pouvoirs publics à multiplier les avantages fiscaux, l'ardoise reste salée. Il faut disposer à la fois de beaucoup de temps et de beaucoup d'argent pour pouvoir investir dans ce secteur.

Pour être un bon outil de diversification du patrimoine, l'immobilier locatif doit répondre à quelques critères simples : un prix d'achat raisonnable pour éviter les loyers prohibitifs, un environnement de qualité pour assurer la préservation du capital, de bonnes caractéristiques techniques pour séduire les occupants potentiels, la stabilité des locataires pour réduire les frais de recherche et le risque de vacance. Une équation qu'il n'est pas toujours facile de résoudre !

Le viager

Disponibilité : faible

Rendement : aléatoire

Risques : élevés

Frais : faibles

Fiscalité : faible

Acheter un bien immobilier en viager, cela peut constituer une forme de placement. On peut en effet analyser cette situation particulière comme un achat à tempérament voire comme un plan d'épargne à versements réguliers. Cependant, l'aléa qui entoure la durée et le dénouement de cette transaction la lie beaucoup trop au hasard. C'est la source de tous les abus... suffisamment dénoncés dans la littérature ou au cinéma pour que l'on y revienne ici.

Pourtant le viager peut être une bonne affaire pour les deux parties, en particulier lorsque l'acquéreur (le *débirentier*) obtient d'emblée la jouissance du logement. Le *bouquet* — une avance de 10 à 20 % du prix de la transaction versée lors de la signature du contrat — et la rente viagère versée mensuellement permettent en effet au vendeur (le *crédirentier*) d'obtenir un complément de retraite et à l'acheteur de se constituer progressivement un capital. Pour le reste, tout est affaire de dosage.

Le parking

Disponibilité :
moyenne

Rendement :
forte
(6 à 8 %)

Risques :
moyens

Frais :
faibles

Fiscalité :
moyenne

Face à la demande définitivement croissante de parkings, il peut être intéressant d'investir dans le stationnement des véhicules. L'emplacement est évidemment le premier critère à privilégier : investir dans des lieux inhabités ou dans des zones d'habitat dispersé serait un mauvais choix. Le prix de revient d'un parking varie évidemment en fonction de l'endroit choisi. Dans la plupart des cas, il faut compter entre 35 000 et 100 000 francs ; à Paris et dans les grandes villes, l'addition peut même parfois dépasser 200 000 francs mais il s'agit de cas isolés.

Il est plus facile de louer — et même de revendre — un parking qu'un appartement ou une maison. Cependant, la loi ne prévoyant aucune obligation pour le bail correspondant, les possibilités de sortie sont beaucoup plus nombreuses. Il faut donc tenir compte du risque de carence prolongée pour calculer la rentabilité réelle de ce type d'investissement.

Les chambres de bonne

Disponibilité : *faible*

Rendement : *moyen (3 à 6 %)*

Risques : *élevés*

Frais : *élevés*

Fiscalité : *moyenne*

Comme les parkings, les chambres de bonne constituent des produits facilement accessibles. Ils permettent en effet d'accéder à l'immobilier sans débourser les sommes que nécessiterait l'acquisition de logements locatifs dans une grande ville. A Paris ou dans les villes universitaires, les chambres de bonne trouvent pratiquement toujours acquéreur, surtout si elles sont situées à proximité des facultés ou, à défaut, d'une bouche de métro de la ligne correspondante.

Comme pour tout ce qui touche à l'immobilier locatif, le seul véritable risque de ce placement concerne le locataire. Si c'est un mauvais payeur, il sera en effet difficile de le déloger comme de récupérer les loyers non versés. A cela s'ajoutent les inévitables périodes de carence pour ces studios généralement loués pour l'année universitaire.

4. Les services au quotidien

La banque, c'est également une foule de services de tous les jours. Des instruments de paiement tellement banalisés qu'on oublie bien souvent qu'ils n'existeraient guère sans l'intervention d'une banque avec son informatique sophistiquée et ses réseaux complexes de correspondants. Sauf à revenir à des usages d'un temps révolu, n'est-il pas désormais impossible de se passer de telles commodités ?

Comment imaginer en effet faire fi des diverses formes de paiement, en direct ou à distance ? Car, qu'il s'agisse du chèque ou des formules plus modernes de la monétique ou de la télématique, tout ceci fait désormais partie de notre quotidien. Etre interdit de chéquier, c'est aujourd'hui une sanction probablement aussi redoutable que le retrait du permis de conduire. Dans ces conditions, il est plus que prudent de connaître les limites de ces services, ne serait-ce que pour ne pas les dépasser.

Le chèque

Disponibilité : immédiate

Encaissement : 1 à 5 jours

Débit : 1 à 5 jours

Risques : perte ou vol

Coût : néant

A peine est-il correctement maîtrisé par l'ensemble des Français, ne voilà-t-il pas que le chèque perd de son aura jusqu'à en devenir désespérément "ringard". Dommage, parce que la formule a encore une indéniable magie. Il est vrai que le fait d'apposer sa signature sur une vignette à l'allure officielle donne plus de solennité à l'acte de paiement. Rien à voir avec les quatre chiffres tapés à la sauvette sur un clavier aseptisé et indiscret.

Que l'on se rassure, le chèque a encore de bien belles années devant lui. A condition de l'utiliser avec parcimonie — gare aux petits chèques —, de ne pas abuser de la faculté qu'il procure — sans provision, il devient carrément agressif — et de prendre soin de son carnet — en cas de perte ou de vol, c'est la galère —, il vous rendra de fidèles et loyaux services. Mais pensez tout de même à la carte. Il faut être de son temps, que diable !

Le chèque de banque

Disponibilité :
quelques jours

Encaissement :
1 à 5 jours

Débit :
1 à 5 jours

Risques :
néant

Coût :
0 à 25 francs

Dans certaines occasions, il n'est pas prudent d'accepter un paiement par chèque. En particulier lorsque vous ne connaissez pas la personne qui vous le remet en échange d'un service ou de la vente d'un bien onéreux comme une voiture ou un meuble. Il serait en effet fort dommageable d'être payé avec un chèque en bois. Pour éviter ce risque, vous pouvez demander à être payé avec un chèque de banque.

Ce chèque a la particularité d'être directement émis à votre ordre par la banque de votre interlocuteur. Son paiement est donc totalement garanti, sous réserve bien évidemment de le donner à l'encaissement durant sa période de validité (voir page 84). Le chèque de banque est plus sûr que le *chèque certifié* qui ne fait qu'attester de l'existence de la provision nécessaire sur le compte de votre correspondant mais ne la bloque que pendant le délai légal de présentation du chèque, soit huit jours à compter de la date de son émission.

La carte bancaire

Disponibilité :
immédiate

Encaissement :
sans objet

Débit :
0 à 40 jours

Risques :
perte ou vol

Coût :
0 à 200 francs par an

Le temps est passé où il fallait un portefeuille épais pour ranger les indispensables cartes de plastique : vert pour payer cash aux Galeries Machin, bleu pour payer à crédit chez votre boulanger, jaune pour retirer des espèces sur le distributeur de la banque X… La carte est devenue universelle. Indispensable sésame, on peut désormais se contenter d'elle pour tout compagnon de voyage. Finis les poches bourrées de billets, les inconfortables carnets de chèques ou même les chèques de voyage. Le plastique devient intelligent.

Incontournable, la carte le sera demain encore bien plus ! Avec sa puce et les quatre chiffres de son code confidentiel, vous voilà paré pour toutes les folies. N'en abusez pas quand même, le solde de votre compte bancaire pourrait bien en souffrir. Et puis attention, votre carte mérite toutes les attentions. Et, si d'aventure vous la perdiez, informez-en illico votre banquier, surtout si votre code confidentiel l'accompagne — est-ce si difficile de retenir quatre tout petits chiffres ? — A défaut, votre responsabilité pourrait être totale. Bonjour les dégâts !

Les cartes de prestige

***D**isponibilité :*
immédiate

***E**ncaissement :*
sans objet

***D**ébits :*
0 à 40 jours

***R**isques :*
perte ou vol

***C**oût :*
450 à 750 francs par an

Les cartes sont maintenant à ce point répandues que vous pouvez avoir envie de vous distinguer ou, tout simplement, de bénéficier des services supplémentaires qu'elles autorisent. Qu'il s'agisse des *cartes accréditives* (comme American Express et Diners Club) ou, plus encore, des cartes de prestige proprement dites (comme les cartes Gold d'Eurocard-Mastercard et Premier de Visa), elles donnent accès à toute une panoplie de "plus" : relèvement des plafonds de retrait et de paiement, assurances complémentaires, traitement de faveur, etc.

Le charme de ces cartes, c'est qu'elles ne sont pas délivrées à tout le monde. Il faut justifier d'une surface financière nettement supérieure à la moyenne. En recevant votre carte de prestige, vous ferez en effet votre entrée dans le club des privilégiés de ce monde ! Vous vous en rendrez vite compte lorsque vous exhiberez votre carte pour votre prochain paiement. Une remarque cependant : ce type de carte ne se justifie vraiment que si votre activité vous conduit à vous déplacer très souvent en France et dans le monde entier.

Les cartes de magasin

Disponibilité :
immédiate

Encaissement :
sans objet

Débits :
0 à 40 jours

Risques :
perte ou vol

Coût :
0 à 150 francs par an

Souvent gratuites, les cartes de magasin séduisent, si l'on se fie aux statistiques produites par leurs émetteurs, une large clientèle. En fait, ces cartes sont bien peu utilisées. Leur usage se heurte en effet à plusieurs barrières : d'une part, il est généralement limité à une seule chaîne de magasins, ce qui en réduit déjà considérablement l'attrait, et d'autre part, le taux du crédit qui leur est associé est plutôt élevé. Créées pour fidéliser la clientèle, ces cartes ont donc tous les inconvénients qui s'attache à cet objectif et ne peuvent rendre les services universels et variés qu'apportent, compte tenu de l'interbancarité effective en France depuis 1985, les cartes bancaires.

Ceci étant, les cartes de magasin ont néanmoins un atout. Pour fidéliser les porteurs de cartes et accroître leur nombre, les commerçants leur proposent en effet des promotions spécifiques. Même si l'on reste plutôt circonspect pour tout ce qui concerne les opérations de crédit, il serait bien dommage de ne pas en profiter !

Les virements

D*isponibilité :*
immédiate

E*ncaissement :*
1 à 5 jours

D*ébits :*
1 à 5 jours

R*isques :*
perte ou vol

C*oût :*
0 à 30 francs

Best-seller en Allemagne où il est mis à toutes les sauces, le virement n'a pas connu le même succès en France où le chèque reste encore le moyen de paiement dominant. C'est pourtant un véhicule bien pratique qui revient en force sous deux formes particulières : les virements permanents — par exemple le paiement de dépenses régulières ou un transfert entre un compte courant et un compte d'épargne — et les virements réalisés sur des automates de tout poil !

En supprimant le support de papier, l'arrivée des guichets automatiques de banque a en effet favorisé un nouvel essor du bon vieux virement. Quoi de plus facile que de donner à la machine, qui dispose pour ce faire de procédures (plus ou moins) simplifiées, l'ordre de virer une somme d'argent librement déterminée entre deux de ses propres comptes, voire vers un compte détenu dans une autre banque ou même au bénéfice d'un compte détenu par un tiers. La télématique a encore amplifié ce mouvement. Minitel aidant, n'est-il pas encore plus aisé de réaliser cette même opération directement de chez soi ?

Les prélèvements

Disponibilité :
immédiate

Encaissement :
1 à 5 jours

Débits :
1 à 5 jours

Risques :
néant

Coût :
0 à 120 francs

Forme particulière du virement, le prélèvement est une autorisation que vous accordez à certains de vos correspondants de prélever directement sur votre compte les sommes que vous leur devez. Ce sont les sempiternelles factures périodiques de gaz, d'électricité, d'eau, de téléphone, les abonnements divers, les achats à tempérament... bref, toute une série de dépenses régulières et obligatoires qui reviennent toujours trop vite. Pour ne pas courir le risque de les oublier et pour ne pas encourir les pénalités qu'entraînerait un paiement tardif, il est préférable d'automatiser leur paiement. Pour cela, il suffit de remplir une demande de prélèvement et de la remettre à l'organisme concerné en y joignant un R.I.B. — c'est-à-dire un *relevé d'identité bancaire* — qui permettra de bien identifier le compte à débiter.

Le prélèvement comporte deux dangers. Vous devrez, d'une part, vous assurer régulièrement de la validité des prélèvements automatiques en cours et ne pas oublier de révoquer votre ordre chaque fois que nécessaire. D'autre part, s'il vous arrivait de contester un paiement, vous ne pourriez le faire qu'auprès de l'organisme bénéficiaire sans pouvoir bloquer le prélèvement litigieux. Mais, même dans ce cas, il vous reste ensuite la possibilité de mettre fin à votre demande de prélèvement.

Les extraits de compte

***D**isponibilité :*
variable

***E**ncaissement :*
sans objet

***D**ébits :*
sans objet

***R**isques :*
néant

***C**oût :*
0 à 7,50 francs

Arme absolue de la gestion du budget familial, l'extrait de compte est le complément indispensable du chéquier. Il vous informe de l'évolution de vos dépenses comme de vos rentrées : encaissement des salaires, versements, virements, domiciliations, chèques encaissés, paiements et retraits réalisés avec une carte, etc. Toutes les opérations effectuées à partir de ou vers votre compte courant y figurent avec l'indication de leurs dates de réalisation — la date où l'opération a été enregistrée — et de valeur — la date où elle prend effet. Leur suivi en est donc facilité.

Sans un contrôle régulier de la bonne exécution de ces opérations, il serait difficile de savoir où en sont vos dépenses. Vous avez donc tout intérêt à pointer soigneusement vos extraits de compte. Même si elles sont rares, les erreurs sont toujours possibles, autant les signaler très rapidement à votre banque.

Les automates bancaires

Disponibilité :
immédiate

Encaissement :
1 à 5 jours

Débits :
immédiats

Risques :
néant

Coût :
néant

Leur nombre ne cesse d'augmenter, ils fleurissent désormais à tous les coins de rues. "Ils", ce sont les automates bancaires, les D.A.B. — les *distributeurs automatiques de billets* —, les G.A.B. — les *guichets automatiques de banque*. Si les premiers se limitent à la seule fonction de retrait, les seconds permettent d'effectuer bien d'autres opérations : consultation de vos comptes, virements internes (entre vos différents comptes) ou externes (vers des comptes gérés par d'autres banques), dépôts d'argent, remises de chèques, commande de chéquiers, etc.

Pour des raisons de sécurité et de commodité, les automates bancaires sont de plus en plus regroupés dans des sas accessibles à l'aide de la carte. Ce sont de véritables banques en miniature où l'on trouve de multiples services mais, à l'exception parfois d'une hôtesse, pas de personnel. C'est le L.S.B. — comprenez le *libre-service bancaire*. Ceci présage dans une certaine mesure la banque de demain où les services de masse seront automatisés tandis que les conseils et les services plus sophistiqués seront délivrés dans des zones confidentielles avec un personnel davantage disponible parce que dégagé des opérations courantes.

L'imprimante libre-service

***D**isponibilité :*
immédiate

***E**ncaissement :*
sans objet

***D**ébits :*
sans objet

***R**isques :*
néant

***C**oût :*
néant

Cela aurait pu être un gadget et pourtant il n'en est rien. L'expérience montre au contraire que les I.L.S. — les *imprimantes libre-service* — répondent parfaitement à une attente. La preuve réside dans leur étonnant succès. Grâce à elles, il est désormais possible d'éditer, soi-même, autant de fois qu'on le souhaite et à tout moment, un extrait de compte parfaitement à jour. Il est donc plus facile de suivre l'évolution de votre compte bancaire, de vérifier par exemple que vos revenus ont été crédités ou, au contraire, que vos grosses dépenses ont été débitées de votre compte.

Disponibles en libre-service bancaire, parfois même en façade, les imprimantes libre-service compensent dans une certaine mesure la raréfaction des extraits de compte. Elles sont d'ailleurs le pendant des extraits mensuels. Si vous ne pouvez vous déplacer, pensez à l'audiotex ou au Minitel.

Le Minitel

Disponibilité :
immédiate

Encaissement :
sans objet

Débits :
sans objet

Risques :
faibles

Coût :
0 à 35 francs par mois

Aujourd'hui, avec le Minitel, c'est la banque qui vient à vous ! La télématique bancaire a en effet énormément progressé. Il est désormais possible de faire de chez soi un nombre quasi illimité d'opérations, depuis la classique consultation de compte jusqu'à la passation d'ordres en Bourse, en passant par toutes les formes de virements et de paiements. Le tout pratiquement 24 heures sur 24, même le dimanche et les jours fériés !

Le Minitel a bien entendu ses limites. D'abord la contrainte physique puisqu'il ne lui est pas possible de délivrer des billets de banque — sait-on jamais ? Ensuite la sécurité des transactions qui peuvent désormais être protégées par toute une série de moyens physiques (clé d'accès, lecteur de carte à mémoire) ou informatiques (numéro personnel d'identification). Enfin le coût d'utilisation — certaines banques demandent un abonnement mensuel, d'autres se contentent au contraire de la part du coût des communications que leur reverse France Télécom. Il n'en reste pas moins que la *banque à domicile* a un réel avenir.

L'audiotex (le téléphone)

Disponibilité :
immédiate

Encaissement :
sans objet

Débits :
sans objet

Risques :
faibles

Coût :
variable

Voilà le dernier-né de la banque à domicile. En composant un simple numéro de téléphone, vous pouvez désormais connaître instantanément le solde de votre compte bancaire, les dernières opérations enregistrées et, de plus en plus, réaliser quelques opérations simples. Difficile d'imaginer une manière plus agréable de converser avec son banquier. La voix qui guide vos manipulations sur le clavier de votre téléphone à touches est tout simplement délicieuse d'irréalité. Bien sûr, il sera difficile de faire sortir cet interlocuteur synthétique de ses gonds. Inutile de chercher à lui faire dire autre chose que ce pour quoi il est programmé ! N'empêche, la sophistication technique que suppose cette consultation a de quoi laisser rêveur.

Demain sans doute, cette technologie trouvera bien d'autres applications et finira par nous lasser. En attendant, la formidable percée de ce nouveau média mérite toute notre sollicitude. Ne serait-ce que parce qu'il est en définitive plus agréable d'interroger l'audiotex que de déranger pour la *énième* fois un guichetier, rendu grincheux par votre persévérance, pour savoir si votre salaire a enfin été crédité sur votre compte !

Le compte joint

Disponibilité :
immédiate

Encaissement :
sans objet

Débits :
sans objet

Risques :
faibles

Coût :
néant

Pratique dans la vie quotidienne, le compte joint est une commodité indispensable lorsqu'il s'agit de gérer un budget à deux. Ce n'est en fait rien d'autre qu'un compte bancaire ouvert au nom de deux (ou de plusieurs) personnes. Il n'est pas nécessaire que ces personnes aient un lien de parenté entre elles. Par contre, avant de faire ouvrir un compte joint, il faut savoir que chacun des cotitulaires a tout pouvoir pour faire fonctionner ce compte sous sa seule signature. Car, dans un compte joint, la solidarité entre les cotitulaires est totale. Les erreurs de l'un entraînent des conséquences pour les autres ; c'est notamment le cas en matière de chèques sans provision.

Le compte joint est également fort utile en cas de décès. Il évite en effet le blocage complet du compte commun d'un couple marié et permet au conjoint survivant de continuer à faire fonctionner le compte sous sa seule signature. Attention, il lui faudra néanmoins justifier de cette utilisation car la moitié du solde du compte au moment du décès fera obligatoirement partie de la succession.

Le relevé d'identité bancaire

***D**isponibilité :*
immédiate

***E**ncaissement :*
sans objet

***D**ébits :*
sans objet

***R**isques :*
néant

***C**oût :*
gratuit

Nous le disions plus haut (voir page 14), le relevé d'identité bancaire n'est rien d'autre que la carte d'identité de votre compte bancaire. Sans lui et sans les précieuses mentions qui y figurent, il n'est pas possible d'identifier le compte concerné. C'est la raison pour laquelle vos interlocuteurs exigent que toute demande de prélèvement ou de virement permanent soit accompagnée de ce précieux document. Vous en trouverez un dans chacun de vos chéquiers mais vous pouvez aussi le faire éditer sur une *imprimante libre-service*, sur certains *guichets automatiques de banque* ou le demander auprès de votre agence bancaire. C'est rapide et c'est gratuit.

Que contient-il ce si précieux document ? En fait, rien d'autre que le *code banque* — cinq chiffres qui identifient précisément la banque qui gère votre compte —, le *code guichet* — cinq autres chiffres qui précisent l'agence concernée —, votre numéro de compte et la *clé* — deux chiffres de contrôle qui permettent de s'assurer qu'il n'y a pas eu erreur de frappe sur tous les chiffres précédents.

5. Découverts et crédits

Que l'on soit cigale ou fourmi, il y a toujours dans la vie des moments où nos besoins d'argent prennent le dessus. Par exemple lorsque, cédant à une envie subite, nous craquons pour une superbe chaîne hi-fi qui ferait si bien dans le salon… Ou bien, lorsqu'il faut, à regret, changer enfin de voiture parce qu'elle vient de rendre l'âme, hélas pour vous au moment le plus mal choisi.

Bref, pour faire face aux imprévus, pour anticiper vos petites envies, pour passer le cap difficile de certaines fins de mois, il est parfois indispensable de recourir au crédit. Et des crédits, il en est de toutes sortes, pour tous les types de besoins et en fonction de toutes les capacités de remboursement. A vous de savoir ce qui vous est nécessaire. Gardez-vous toutefois de dépasser la dose prescrite sous peine de tomber dans un surendettement dont il serait difficile de sortir la tête haute.

Les facilités de caisse

***D**élai :*
variable

***P**lafond :*
variable

***D**urée :*
quelques jours

***G**aranties :*
néant

***C**oût :*
élevé
(16 à 20 %)

Vous venez d'émettre un chèque pour honorer une grosse dépense tout en sachant pertinemment que vous n'avez pas (encore) la provision correspondante sur votre compte. Que devez-vous faire ? En fait, vous n'avez pas vraiment le choix. D'ici quelques jours, lorsque votre chèque sera présenté à la banque, il sera aussitôt rejeté pour *insuffisance de provision* avec toutes les conséquences — fort désagréables — qui en découlent. Il est donc largement préférable de vous en ouvrir au préalable à votre banquier qui pourra vous accorder une facilité de caisse pour vous permettre de régulariser la situation.

Attention toutefois, cette facilité n'est pas un droit et votre banquier peut parfaitement ne pas vous l'accorder ni même la renouveler s'il a déjà fait un geste similaire dans le passé. Elle ne peut avoir qu'une durée limitée et occasionnera des agios plus importants que les intérêts d'un crédit. Il ne serait donc pas raisonnable d'en abuser.

Le découvert bancaire

***D**élai :*
variable

***P**lafond :*
variable

***D**urée :*
jusqu'à 3 mois

***G**aranties :*
néant

***C**oût :*
élevé
(14 à 20 %)

Une autre manière de couvrir sur une plus longue durée un solde bancaire chroniquement déficitaire consiste à demander à votre banquier de vous accorder une *autorisation de découvert*. Il s'agit cette fois d'un crédit en bonne et due forme, avec contrat à l'appui. De plus, si sa durée dépasse trois mois, il devra, conformément à la loi, faire l'objet d'une offre de prêt que vous ne pourrez accepter — ou refuser — qu'à l'expiration d'un délai de réflexion de sept jours.

Bien sûr, cette formule est souple et facile d'utilisation puisque vous pourrez, sans aucun risque d'être rappelé à l'ordre, “tirer des chèques” tant que le solde de votre compte n'atteindra pas le plafond du découvert qui vous a été consenti. Pour autant, elle ne doit pas se substituer à un crédit affecté (voir page 74) lorsque vos besoins d'argent proviennent de l'acquisition d'un bien qui aurait dû être financé par un véritable prêt. L'expérience montre qu'il est toujours difficile de rattraper le solde d'un compte que l'on a laissé “filer”, autorisation de découvert ou pas.

Le crédit revolving

Délai : *variable*

Plafond : *variable*

Durée : *permanent*

Garanties : *néant*

Coût : *élevé (15 à 20 %)*

Avec le crédit revolving — en bon français, renouvelable —, votre prêt devient enfin permanent. En clair, votre banquier vous ouvre une ligne de crédit dont vous usez à votre guise. Vos remboursements sont définis par une grille établie en fonction de l'utilisation que vous en faites. Si vous ne vous en servez pas, vous ne remboursez rien. A l'inverse, si vous en profitez en permanence, vos mensualités pourront être importantes — comptez de 2 500 à 3 000 francs pour un crédit de 100 000 francs.

Chaque fois que vous versez une mensualité à votre banque, celle-ci vient — une fois les intérêts déduits — reconstituer votre ligne de crédit. Vous pouvez donc renouveler son utilisation aussi souvent que le permet votre capacité de remboursement. Cette grande souplesse est l'originalité du crédit revolving mais aussi... son risque. Pour tirer le meilleur parti de cette forme de prêt, il est en effet préférable de ne l'utiliser qu'occasionnellement et non en facilité de caisse quasi permanente. Dans le premier cas, il s'agit d'un crédit classique mais sans formalités qu'il est possible de débloquer à volonté — un Minitel suffit — ; dans le second, c'est la porte ouverte à toutes les difficultés.

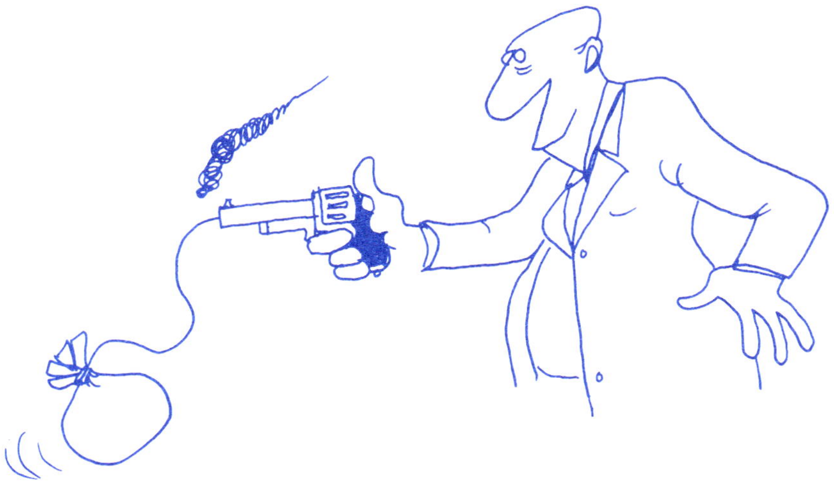

Le crédit affecté

D*élai :*
variable

P*lafond :*
variable

D*urée :*
moyen terme

G*aranties :*
bien acquis

C*oût :*
élevé
(14 à 16 %)

On n'emprunte pas de la même manière lorsqu'il s'agit de financer, par exemple, l'achat d'une voiture ou les prochaines vacances. En ce qui concerne les vacances, il peut tout au plus s'agir d'une avance sur des rentrées futures. Le crédit revolving constitue la meilleure formule pour ce type de financement. Il n'en est pas de même dans le cas d'une voiture : celle-ci représente en effet un investissement qui s'amortira sur plusieurs années d'utilisation. Ainsi, il est parfaitement légitime de financer une voiture par un crédit remboursable sur trois, quatre ou même cinq années.

Pour le banquier, la voiture représente également un bien de valeur susceptible de garantir le non-paiement éventuel du crédit consenti. Il sera donc plus ouvert à une formule de crédit affecté — sous-entendu “à l'achat d'un véhicule” — avec garantie. Cela explique que ce type de crédit soit généralement moins onéreux que le découvert autorisé ou le crédit revolving sur lesquels les garanties du banquier sont parfois bien minces. Certaines banques proposent des formules particulièrement intéressantes et bien adaptées à certains types d'achat : voiture, caravane, bateau, etc.

Le crédit relais

***D**élai :*
variable

***P**lafond :*
variable

***D**urée :*
court terme

***G**aranties :*
rentrée attendue

***C**oût :*
moyen
(12 à 16 %)

Vous attendez, pour faire un gros achat, que vous soit versée une forte somme d'argent que l'on vous doit ? Lorsque l'attente dure, cela peut être gênant. Une offre intéressante peut ainsi vous passer sous le nez sans que vous puissiez, faute d'argent, réagir à temps. Et pourtant, la solution existe : c'est le prêt relais. Comme son nom l'indique, c'est un crédit qui vient en relais de quelque chose, par exemple la vente d'un bien, un autre prêt — c'est fréquent dans le domaine de l'immobilier —, un héritage, une grosse prime, etc.

Ce type de prêt à très court terme — le plus souvent de quelques semaines à tout au plus trois mois — vous est d'autant plus facilement accordé que son remboursement est garanti par la rentrée d'argent qu'il anticipe. Attention toutefois à ce que les intérêts cumulés du crédit relais ne viennent pas alourdir le coût de votre acquisition.

La carte de crédit

Délai :
variable

Plafond :
variable

Durée :
jusqu'à 40 jours

Garanties :
néant

Coût :
faible

On a vu plus haut les multiples services que pouvaient rendre les cartes bancaires. Avec la carte de crédit, cette liste continue à s'allonger. Car la carte, c'est aussi un instrument de crédit. Ainsi, dans certaines banques, la carte ouvre déjà droit à un découvert autorisé de faible montant. Plus encore, certaines cartes permettent le débit différé. En clair, votre compte ne sera débité qu'à la fin du mois suivant. Résultat, tous les paiements par carte effectués, par exemple, entre le 20 décembre — date d'établissement du décompte du 31 décembre — et le 20 janvier suivant — date d'établissement du décompte de fin janvier — ne sont débités que le 31 janvier. Au total, cela représente un crédit gratuit — négligeons les quelques francs supplémentaires que coûte la carte à débit différé — qui peut aller jusqu'à 40 jours !

Associée à un crédit revolving, la carte est un instrument de crédit encore plus sophistiqué. Dans ce cas, elle ne débite pas votre compte courant mais directement votre crédit, cela sous une apparence tout à fait ordinaire même s'il s'agit d'une carte bien distincte.

Le crédit étudiant

Délai :
variable

Plafond :
jusqu'à
80 000 francs

Durée :
jusqu'à 9 ans

Garanties :
caution familiale

Coût :
faible
(8 à 11 %)

Pas facile, lorsqu'on est étudiant et sans le sou, de financer ses études. A moins de compter sur papa et maman ou sur des petits boulots de plus en plus rares pour compléter une maigre bourse d'études, il n'y a guère que le crédit étudiant qui puisse vous aider. Ce prêt, généralement accordé durant le second cycle d'études supérieures et avec une priorité pour les étudiants des grandes écoles, est débloqué par tranches annuelles. A l'issue des études, un différé (total ou partiel) de remboursement peut vous être consenti pour une durée allant d'un an — le temps, pour les jeunes gens, d'accomplir leurs obligations militaires — jusqu'à un maximum de cinq années — pour tenir compte d'éventuelles formations complémentaires et de la recherche d'un emploi. Les remboursements viennent ensuite et ils sont, bien entendu, d'autant plus élevés que le différé aura été important.

Le crédit étudiant a l'avantage d'être souple et peu onéreux. Mais il constitue aussi une charge qui obérera les premières années de vie active, celles-là même où il faut se loger, se meubler… bref, s'équiper alors que le niveau de rémunération n'est souvent pas encore très élevé.

Les agios

***D**élai :*
trimestriel

***P**lafond :*
sans objet

***D**urée :*
trois mois

***G**aranties :*
sans objet

***C**oût :*
sans objet

Chaque trimestre, votre banque peut vous débiter des "agios", c'est-à-dire un ensemble de frais relatifs au fonctionnement de votre compte durant les trois mois précédents. Le *ticket d'agios* comprend les intérêts décomptés sur les facilités de caisse et le découvert éventuel de votre compte — autorisé ou non —, les commissions diverses ainsi que les frais de tenue de compte majorés, le cas échéant, de la T.V.A. à 18,6 %.

De plus en plus, les tickets d'agios se font importants. Les banques n'équilibrent en effet leurs comptes que grâce aux commissions qu'elles encaissent en contrepartie des services qu'elles rendent. Pour réduire vos agios, le plus simple est de ne pas dépenser plus que ne le permet l'état de votre compte. En l'absence de découvert, vous ne supporterez pas d'intérêts. Quant aux frais de tenue de compte, ils restent généralement très raisonnables. A défaut, changez de banque !

6. Les trucs à connaître

Dans les pages qui précédent, nous avons brièvement passé en revue les principaux produits et services bancaires. Bien entendu, il ne s'agit là que d'un simple survol, une approche très fragmentaire qui ne peut remplacer une écoute attentive de l'actualité financière — en particulier, la lecture régulière de la presse spécialisée, voire des journaux publiés par les associations de consommateurs — ainsi que, c'est essentiel, un dialogue constructif avec son banquier.

Seule la confrontation de ces multiples sources d'information, parfois contradictoires entre elles — et c'est tant mieux —, vous permettra de vous forger une opinion personnelle sur la manière de gérer votre argent au quotidien.

En attendant et pour compléter ce survol, voici quelques trucs supplémentaires qu'il est indispensable de connaître pour éviter les erreurs ou, plus simplement, pour mieux comprendre le fonctionnement des choses de l'argent.

Le code confidentiel

Domaine :
cartes
Risques :
élevé en cas de divulgation
Coût :
néant

Sans lui, la carte n'aurait guère d'intérêt ! C'est en effet l'existence du code confidentiel qui assure la sécurité et la confidentialité de tous vos paiements et retraits effectués à l'aide d'une carte. Véritable *signature électronique*, le code confidentiel est en quelque sorte — ne l'oubliez jamais — le sésame qui protège l'accès à votre compte bancaire, donc à votre argent. En conséquence, protégez-le comme vous protégeriez votre argent !

En clair, votre code doit réellement rester secret. Ne le donnez sous aucun prétexte, fut-ce à votre banquier ou aux autorités de police. Apprenez-le par cœur et, surtout, ne le notez nulle part, même sous une forme codée. Car, en cas de vol de vos papiers, les malfaiteurs auraient très vite fait de le décoder. Lorsque vous composez votre code sur un automate bancaire — guichet automatique de banque ou terminal de paiement électronique d'une grande surface —, faites-le aussi discrètement que possible et en évitant qu'un tiers puisse le lire par-dessus votre épaule. Il serait trop facile pour un complice de vous dérober ensuite votre carte et de débiter votre compte au plus proche guichet automatique de banque.

La puce

Domaine :
cartes

Risques :
réduit les risques de fraude

Coût :
néant

Pour votre sécurité et pour celle de votre carte, elle constitue un indéniable “plus”. D’ailleurs, depuis le 1er novembre 1992, toutes les nouvelles cartes bancaires comportent obligatoirement une “puce”, cette mémoire électronique vulgarisée depuis quelques années par les cartes de téléphone. Cette véritable révolution rend obsolètes les “fers à repasser”, ces matériels d’un autre âge qui servaient à prendre l’empreinte de votre carte sur des “facturettes” qu’il fallait signer manuellement.

Désormais, vous devez composer votre code confidentiel pour tous les paiements. Vous avez probablement constaté que les commerçants s’équipent de plus en plus en terminaux de paiement légers de façon à faciliter la composition du fameux code confidentiel. Jusqu’aux restaurateurs qui apportent à votre table le fameux “pin pad”, un boîtier numérique relié par infrarouge à l’automate, lui-même placé à côté de la caisse. Avec la puce, les paiements sont non seulement plus sûrs mais aussi plus faciles.

Les dates de valeur

Domaine :
compte courant

Risques :
découvert possible

Coût :
seulement en cas de découvert

Sur vos extraits de compte figure une colonne faisant apparaître la date de valeur en regard de chacune de vos opérations. Il s'agit en fait de la date à laquelle ces opérations viennent augmenter ou diminuer le solde de votre compte. En principe, un versement en espèces est crédité le jour ouvrable suivant, le dépôt d'un chèque entre 2 et 5 jours ouvrables après sa remise, le paiement d'un chèque prend effet un à deux jours ouvrables avant sa réception, etc. Ces dates varient sensiblement d'une banque à l'autre ; certaines ayant même renoncé à l'application des dates de valeur.

En principe, tant qu'un compte reste créditeur, les dates de valeur n'ont aucune incidence. Ce n'est plus vrai, par exemple, si vous payez un bien important par chèque le 20 du mois alors que le solde de votre compte est proche de zéro. Prudent, vous faites le même jour un versement qui couvrira votre dépense. Cependant, celui-ci ne sera crédité que le 21 du même mois alors que le chèque remis en paiement sera débité dès le 19. Vous serez donc, du simple fait des dates de valeur, en situation débitrice entre le 19 et le 21 et vous devrez payer les agios correspondants.

La durée de vie d'un chèque

Domaine :
compte courant

Risques :
encaissement impossible

Coût :
sans objet

A l'inverse d'un billet de banque, le chèque n'est pas intemporel. Il a au contraire une durée de vie précisément définie par la loi française. Depuis 1985, la période de validité d'un chèque est fixée à un an et huit jours suivant la date de son émission. Attention donc aux oublis malencontreux ! A bien des égards, il est toujours préférable de remettre rapidement à l'encaissement tout chèque, quelle qu'en soit l'origine.

Si vous dépassez cette date, cela ne signifiera pas pour autant que vous ne pourrez plus récupérer votre dû. Mais la banque ne pourra plus honorer le chèque en cause et vous devrez demander à la personne concernée d'établir un nouveau chèque à votre ordre. Plus d'un an après le premier paiement, ce n'est pas toujours facile d'obtenir gain de cause. Autant éviter ce genre de situation.

Le chèque non barré

Domaine :
compte courant

Risques :
important

Coût :
5 francs

Aujourd'hui, pour des raisons fiscales, la quasi-totalité des chèques sont barrés dès leur émission. Pour le vérifier, regardez vos chèques : deux traits parallèles les traversent et la mention "non endossable sauf pour remise à un établissement bancaire ou assimilé" figure en complément à l'ordre de paiement. Cela signifie qu'ils ne peuvent être payés qu'auprès d'un établissement financier : banque, CCP, caisse d'épargne, etc.

Vous pouvez, si vous le souhaitez, demander à recevoir de votre banque des formules de chèques non barrés. Sachez toutefois que chacune d'entre elles sera soumise à un droit de timbre de 5 francs et que le fisc peut demander à tout moment à votre banque de lui donner la liste des personnes ayant souhaité recevoir de telles formules. Inutile en conséquence de recourir à cet artifice pour faire circuler un chèque par simple endossement ou pour permettre à un tiers d'encaisser la somme correspondante en liquide.

Les chèques en bois

Domaine :
compte courant

Risques :
important

Coût :
néant si
recouvrement

Vous avez reçu un chèque sans provision, que pouvez-vous faire pour récupérer votre argent ? Depuis le 1er juin 1992, la loi est plus sévère pour les émetteurs de chèques en bois et les procédures de recouvrement ont été sensiblement accélérées. En pratique, l'émetteur a trente jours après la première présentation du chèque pour régulariser la situation. A défaut, vous pouvez demander à la banque d'établir, sans aucun frais pour vous, un *certificat de non-paiement*. Celui-ci sera notifié à l'émetteur défaillant par lettre recommandée ou par l'intermédiaire d'un huissier. A défaut de paiement sous quinze jours, le certificat de non-paiement deviendra exécutoire, ce qui signifie qu'un huissier pourra procéder en votre nom à toute forme de saisie pour récupérer le montant du chèque impayé et les frais engagés.

Il est toutefois préférable de prévenir ce type de situation. Pour cela, demandez à être payé par un *chèque certifié* ou, mieux, par un chèque de banque (voir page 56) lorsque vous avez affaire à un inconnu et que la somme en cause est importante, par exemple lors de la vente d'un véhicule d'occasion à un particulier.

Quand faut-il payer par chèque ?

Domaine :
compte courant

Risques :
sans objet

Coût :
néant

Le chèque n'est pas un instrument de paiement obligatoire. Un commerçant peut en effet refuser un paiement par chèque sans avoir à se justifier. Néanmoins, le paiement par chèque barré — mais aussi par virement ou par carte bancaire — est obligatoire dans un certain nombre de situations. C'est le cas de tous les paiements entre particuliers portant sur un montant supérieur à 150 000 francs. Il en est de même pour le règlement des salaires dépassant 10 000 francs.

Tous ces modes de paiement — aussi bien le chèque que le virement ou la carte — ont en effet la particularité de laisser une trace qui permet de justifier de l'opération effectuée. S'ils sont donc utiles pour une bonne gestion, ils constituent également une arme redoutable contre la fraude !

La magie des intérêts composés

Domaine :
agios
Risques :
sans objet
Coût :
sans objet

Les apparences sont parfois trompeuses ! Ainsi en est-il des intérêts composés qui, sous un aspect anodin, recèlent d'insoupçonnables capacités d'automultiplication. Ainsi, le placement de 10 000 francs à 9 % rapporte-t-il logiquement 900 francs au bout de la première année. Mais, en est-il de même un an plus tard ? Oui, si vous percevez les revenus correspondants. Non, s'ils sont capitalisés : les intérêts rapportent à leur tour de nouveaux intérêts, et ainsi de suite. Dans ce cas en effet, votre capital augmentera les années suivantes de 981 francs, puis de 1 069,29 francs, etc.

Grâce aux intérêts composés, un capital placé à 9 % double de valeur en seulement 8 ans. Cette arithmétique doit être prise en compte dans votre stratégie de placement. En particulier, il sera toujours préférable de capitaliser — c'est-à-dire de ne pas toucher les intérêts annuels — les revenus des placements défiscalisés comme le plan d'épargne populaire, le plan d'épargne en actions ou même les livrets d'épargne. Grâce aux intérêts composés, votre capital progressera d'année en année.

Les oppositions

Domaine :
chèques

Risques :
sans objet

Coût :
40 à 100 francs

Si l'on vous vole vos chèques ou si vous les perdez, vous pouvez faire opposition à leur paiement. En clair, cela signifie que vous interdisez à votre banque de payer les chèques concernés. Pour cela, vous devez prévenir immédiatement votre banque oralement ou par téléphone, en n'oubliant pas de confirmer très rapidement cette opposition par l'envoi d'une lettre recommandée expliquant clairement vos raisons et mentionnant les numéros des chèques en cause. Ceci permettra à la banque d'aviser son propre réseau mais aussi la Banque de France qui inscrira ces chèques au Fichier National des Chèques Irréguliers.

Cette procédure est lourde et coûteuse. Elle nécessite aussi que vous soyez dans votre droit — la loi ne reconnaît que quatre raisons valables pour s'opposer au paiement d'un chèque : la perte, le vol, l'utilisation frauduleuse et la faillite du porteur. En cas d'opposition abusive, vous risquez en effet une très forte amende, voire une peine de prison. Si vous avez des démêlés avec un commerçant, le chantage à l'opposition au paiement d'un chèque est donc une solution à proscrire dans tous les cas.

La procuration

***D**omaine :*
compte courant
***R**isques :*
important
***C**oût :*
néant

Même si vous n'avez pas opté pour un compte joint, la procuration vous permet néanmoins de partager avec un tiers la gestion de votre compte courant. Dans ce cas, vous donnez à cette personne un mandat pour réaliser à votre place certaines opérations. Ce mandat peut être total ou partiel — c'est-à-dire limité à certaines opérations précisément définies — selon les souhaits du titulaire du compte qui peut révoquer à tout moment la procuration qu'il a ainsi donnée.

Il est important de savoir que le *mandataire* — le bénéficiaire de la procuration — n'a pas la responsabilité des opérations qu'il initie. Ainsi, en cas d'émission de chèques sans provision, c'est le titulaire du compte et non son mandataire qui sera sanctionné. Autant faire preuve de la plus grande vigilance et suivre encore plus attentivement le fonctionnement d'un compte sur lequel a été donnée une procuration !

7. PAYER MOINS D'IMPÔTS

En matière de placements financiers, la fiscalité joue un rôle majeur. En favorisant tel ou tel produit, les pouvoirs publics s'efforcent en effet d'orienter l'épargne des Français en fonction des intérêts de la nation tout entière.

L'inconvénient, c'est que la politique de l'épargne fluctue au rythme des changements de gouvernements. Cela se traduit, au moins dans le domaine de l'épargne, par un système fiscal complexe, parfois même contradictoire, dont il est souvent difficile de comprendre les véritables objectifs. Les effets de mode prennent alors le pas sur une véritable gestion et d'énormes masses financières passent brutalement d'un produit à un autre. L'actualité en témoigne avec, parmi d'autres exemples, le lancement réussi du plan d'épargne populaire, suivi de l'engouement extraordinaire dont ont bénéficié pour des raisons fiscales les Sicav monétaires puis de la montée en puissance du plan d'épargne en actions.

Il faut cependant savoir raison garder : la fiscalité ne peut être la seule justification d'un placement. Il y a, de toute évidence, quelques autres critères à prendre en compte !

Le prélèvement libératoire

Domaine :
placements fiscalisés

Taux :
18,1 à 38,1 %

Options :
possible

Paiement :
à l'encaissement des revenus

Dans certains cas, il peut être profitable d'échapper au classique impôt sur le revenu en optant pour le *prélèvement forfaitaire libératoire*. C'est le cas chaque fois que ce prélèvement est plus avantageux que l'imposition de droit commun. Car le taux du prélèvement libératoire n'est pas du tout le même pour les différentes catégories de produits. Les taux les plus courants sont : 18,1 % pour les revenus obligataires et assimilés (Sicav obligataires, titres de créances négociables), 38,1 % pour les livrets d'épargne, bons et comptes à terme, comptes rémunérés, bons du Trésor, etc.

Ce que l'on sait moins par contre, c'est que le prélèvement libératoire est l'addition d'un impôt forfaitaire (15 ou 35 %) et d'une série de prélèvements sociaux (1 % au titre de l'assurance vieillesse, 1 % pour les allocations familiales et 1,1 % de contribution sociale généralisée). Par contre, la taxe départementale sur le revenu de 0,6 % qui s'ajoutait également au prélèvement libératoire n'est plus — sous réserve du vote du Parlement — exigée pour les revenus perçus à compter du 1er janvier 1993.

Les franchises d'impôts

***D**omaine :*
valeurs mobilières

***T**aux :*
sans objet

***O**ptions :*
sans objet

***P**aiement :*
sans objet

Dans certains cas, le contribuable peut échapper à tout impôt. Il suffit pour cela que ses revenus ne dépassent pas un certain montant. En matière de valeurs mobilières, il existe ainsi un *abattement* annuel de 8 000 francs pour une personne seule et de 16 000 francs pour un couple marié soumis à une imposition commune. Tant qu'ils ne dépassent pas cet abattement, vos revenus ne sont pas imposables ; au-delà, vous pouvez de surcroît opter pour le prélèvement libératoire de 18,1 %. Ce régime rend donc particulièrement favorable la fiscalité sur les revenus de valeurs mobilières.

Il existe d'autres franchises d'impôts. Ainsi, les primes d'assurances vie versées après l'âge de 70 ans ne sont soumises aux droits de succession qu'au-delà d'une franchise de 200 000 francs. Les seuils de cession applicables aux valeurs mobilières et aux O.P.C.V.M. (voir page 96) en sont d'autres exemples. De même que le régime des successions où coexistent différentes franchises en fonction du lien de parenté entre les héritiers et le défunt.

Les placements exonérés

***D**omaine :*
placements défiscalisés

***T**aux :*
sans objet

***O**ptions :*
sans objet

***P**aiement :*
sans objet

On peut distinguer deux grandes familles de placements exonérés d'impôts : les placements défiscalisés proprement dits et les placements faisant l'objet d'exonérations conditionnelles. Les premiers sont connus, ce sont les différents types de livrets (livret A, livret bleu, Codévi, livret d'épargne populaire) ainsi que l'épargne-logement. Quant aux seconds, il s'agit aussi bien de placements comportant des conditions de durée — assurance vie, plans d'épargne populaire et en actions — que de produits soumis à la taxation des plus-values — Sicav monétaires et de capitalisation — au-delà d'un certain seuil de ventes.

Bien que les premiers ne soient que faiblement rémunérés, ils offrent l'avantage d'une épargne sûre et disponible. Ce sont donc d'excellents produits de base qu'il est impossible de négliger. Les seconds permettent d'investir pour le long terme et, en particulier, de se préparer à aborder la retraite. Les Sicav monétaires aux faibles contraintes constituent un cas atypique, une heureuse anomalie dont beaucoup d'épargnants auront pu profiter depuis quelques années. Mais la fête est hélas pratiquement finie !

Le seuil de cession de valeurs mobilières

Domaine : *plus-values*
Taux : *18,1 %*
Options : *sans objet*
Paiement : *déclaration annuelle*

Vendre des actions, des obligations ou des Sicav monétaires, cela permet en même temps de constater une perte ou — de préférence — un gain. Fiscalement, ceci n'est pas neutre puisqu'il vous faudra déclarer les plus-values éventuelles et acquitter sur ces dernières une taxe de 18,1 % (contributions sociales comprises). Cette taxe n'est toutefois pas due si l'ensemble des cessions réalisées au courant d'une année n'excède pas un certain seuil, par exemple 325 800 francs pour 1992. Dès 1993, un seuil spécifique sera appliqué pour les seuls O.P.C.V.M. monétaires (voir page 26), il devrait être de l'ordre de 168 000 francs.

Pour ne pas payer la taxe sur les plus-values, il ne faut pas dépasser ces seuils de cessions. Une solution consiste à intégrer les valeurs mobilières dans un plan d'épargne en actions (voir page 29). Les plus-values réalisées dans ce cadre sont en effet totalement exonérées d'impôts pour peu que l'épargne correspondante soit maintenue sous cette forme pendant un minimum de cinq années. Pour ce qui concerne les Sicav monétaires, on évitera — au détriment d'une gestion étroite de la trésorerie — de multiplier les allers-retours qui constituent autant de cessions.

Le taux marginal d'imposition

Domaine : impôt sur le revenu
Taux : sans objet
Options : prélèvement libératoire
Paiement : sans objet

Pour connaître votre taux marginal d'imposition, reportez-vous, dans la notice qui accompagne votre déclaration d'impôts, à la "fiche de calculs facultatifs". Dans le point 5, une formule vous permet de calculer votre impôt en fonction de votre quotient familial. Prenez la ligne qui correspond à votre situation et observez la première partie de la formule : le taux marginal est la valeur par laquelle vous devez multiplier votre revenu avant de poursuivre votre calcul. Si elle est de 0,384, votre taux marginal d'imposition est de 38,4 %. Cela signifie que vous devez reverser au fisc 38,4 % de chaque franc supplémentaire que vous gagnerez — sous réserve, bien des corrections à apporter dans la suite du calcul.

Le taux marginal d'imposition vous permet de savoir si vous avez ou non intérêt à opter pour le prélèvement forfaitaire libératoire (voir page 93) plutôt que pour l'imposition de droit commun. D'une manière générale, vous opterez pour cette dernière chaque fois que votre taux marginal d'imposition sera supérieur au prélèvement libératoire.

L'impôt sur la fortune

Domaine :
patrimoine
Taux :
0,5 à 1,5 %
Options :
sans objet
Paiement :
déclaration annuelle

Si la valeur nette de votre patrimoine taxable dépasse 4,51 millions de francs au 1er janvier 1993, vous avez l'honneur de faire partie des quelque 150 000 privilégiés redevables de l'*impôt de solidarité sur la fortune*. C'est alors à vous de prendre l'initiative d'adresser au fisc une déclaration détaillée de votre fortune accompagnée de votre paiement, ceci avant le 15 juin de chaque année.

En matière de placements, on retiendra que tous les produits d'épargne, y compris la valeur de rachat des contrats d'assurance vie, entrent dans le calcul de l'impôt sur la fortune. A l'inverse, les emprunts comme les découverts bancaires sont parfaitement déductibles de la base imposable. Il convient également de noter que la somme de l'impôt sur la fortune et de l'impôt sur le revenu ne peut excéder 85 % des revenus imposables. Sage précaution !

8. VIVRE MIEUX AVEC SON ARGENT

Après avoir vu les principaux mécanismes financiers relatifs à l'épargne et aux placements, ce petit tour d'horizon ne serait pas complet — si tant est que ce mot réponde à la vocation nécessairement modeste de cet ouvrage dont la seule prétention est, rappelons-le, de décrisper nos relations avec le monde bancaire — sans quelques conseils pour vivre mieux avec son argent.

Soyons pratiques, soyons réalistes : à chaque situation, à chaque problème répond nécessairement une solution. Ainsi, on ne place pas de la même manière une somme de 50 000 francs et un capital d'un million de francs. Il n'est pas non plus possible de réduire son approche de l'argent à un jugement à l'emporte-pièce : placer toute sa fortune sur un coup de tête est aussi inopportun que de limiter son investigation aux seuls critères fiscaux.

L'argent, notre argent mérite au contraire toutes les sollicitudes. Il devrait suffire de penser au mal qu'on a eu à le gagner pour éviter les pires erreurs, mais sommes-nous réellement si sages ?

J'ai perdu ma carte

Domaine :
cartes
Risques :
utilisation frauduleuse
Coût :
60 à 120 francs

Vous avez perdu votre carte, vous a-t-elle été volée ? N'hésitez pas, téléphonez immédiatement, de jour comme de nuit, au centre d'opposition dont votre banque vous a donné le numéro — ce sont, en principe, le (1) 42 77 11 90 pour les cartes Visa et le (1) 45 67 84 84 pour les cartes Eurocard-Mastercard. Une fois cette opposition enregistrée, il vous reste à prévenir votre banque et à lui confirmer votre opposition par lettre recommandée avec accusé de réception. En cas de vol, n'oubliez pas d'en faire la déclaration au commissariat le plus proche : votre banque vous réclamera le récépissé que vous aura remis la police.

En ce domaine, il est urgent d'agir rapidement. En cas d'utilisation frauduleuse avant votre opposition, votre responsabilité est en effet engagée dans la limite du plafond autorisé pour les retraits, de 600 francs pour les paiements sans contrôle du code secret, de 3 000 francs pour les paiements avec vérification du code confidentiel. Attention, il n'y a aucun plafond si vous avez commis l'imprudence de noter votre code confidentiel sur votre carte ou votre porte-cartes, si votre opposition est tardive ou si l'opposition frauduleuse a été réalisée par un membre de votre famille.

J'ai perdu mon chéquier

Domaine :
compte courant

Risques :
utilisation frauduleuse

Coût :
50 à 350 francs

Comme pour la carte, la perte ou le vol du chéquier doivent faire l'objet d'une déclaration immédiate. Il faut en effet émettre immédiatement une opposition pour limiter au maximum les risques d'une utilisation frauduleuse. Dès la constatation de la perte ou du vol, vous devez prévenir votre banque en vous rendant dans votre agence ou en téléphonant. La confirmation par écrit est obligatoire et doit se faire par lettre recommandée avec accusé de réception. En cas de vol, vous devez également en faire la déclaration au commissariat de police et remettre le récépissé correspondant à votre agence bancaire.

Dès réception de ces informations, votre banque a le devoir d'informer l'ensemble de son réseau mais aussi la Banque de France qui inscrira le chéquier ou les chèques en cause au Fichier National des Chèques Irréguliers, consultable par Minitel ou terminal par toute personne, particulier ou commerçant, recevant un chèque en paiement.

J'informe mon banquier

***D**omaine :*
tous

***R**isques :*
situation irrégulière

***C**oût :*
néant

Face à toutes les difficultés, une bonne information réciproque a toujours permis de ramener les conflits à une plus juste dimension. Pourquoi en serait-il autrement dans vos relations avec votre banquier ? Si vous devez faire face à une dégradation provisoire de vos finances, émettre des chèques sans provision ou vous mettre en situation irrégulière n'a jamais rien résolu. Bien au contraire, par votre silence ou votre comportement coupable, vous compliquerez inutilement la résolution de votre problème. N'oubliez jamais que votre banquier a, tout comme vous, intérêt à vous aider à passer ce cap difficile : les créances irrécupérables sont sa hantise !

Ceci est également vrai dans des situations qui n'ont rien de conflictuelles. En informant votre banquier, vous le mettez en mesure de vous proposer des services ou des placements susceptibles de mieux répondre à vos besoins. Il est dommage que la mauvaise image de la banque et les préventions à l'égard de l'argent ne facilitent guère ce dialogue. Car, pour bien gérer votre argent, vous vous devez d'être pleinement informé.

Placer "au noir"

Domaine :
placement

Risques :
perte du capital

Coût :
élevé

Anneaux de port, conteneurs, vaches laitières, actions de sociétés étrangères et autres emprunts russes furent un temps des placements à la mode, prometteurs de revenus substantiels et de plus-values mirifiques. Mais ces promesses n'ont été que rarement tenues. Le particulier est en effet totalement tributaire de marchés fermés, d'informations incontrôlables, de particularités fiscales et d'usages qu'il ne maîtrise pas. Seuls les professionnels peuvent trouver leur compte dans un tel milieu. Les aléas commerciaux, l'obsolescence rapide des matériels, l'interférence d'éléments extérieurs, l'absence d'un marché secondaire... ne mettent réellement pas ce type de placements à la portée du particulier.

Même s'ils ne sont pas tous à proprement parler "au noir", ces placements sont donc à proscrire. D'une manière générale, évitez impérativement tous les produits qui ne sont pas accompagnés du visa de la Commission des Opérations de Bourse — la fameuse C.O.B. Quelle que soit l'offre qui vous est faite, vérifiez l'existence de ce visa sur la documentation qui vous est remise et lisez l'avertissement qui l'accompagne parfois. Il y va de la sécurité de votre argent !

Avoir une ou plusieurs banques ?

***D**omaine :*
tous

***R**isques :*
couverture insuffisante

***C**oût :*
fonctionnement plus onéreux

Faut-il avoir une ou plusieurs banques ? Franchement, cela dépend de vos rapports avec l'argent et de l'importance de votre patrimoine. Car multiplier les comptes bancaires, cela signifie aussi plus de temps à consacrer à la gestion au jour le jour : suivi des extraits bancaires, alimentation des différents comptes, etc. Autant donc que cela en vaille la peine ! Pour autant, il serait dommage de ne pas saisir les opportunités là où elles se trouvent. Une banque peut s'avérer plus avantageuse pour certaines opérations tandis qu'une autre sera plus performante dans d'autres domaines.

La vraie limite à la multiplication des comptes bancaires est l'émiettement. L'observation montre qu'il existe toujours une banque principale, celle où l'on domicilie ses revenus, celle où l'on a ses crédits immobiliers. Les banques secondaires sont celles que l'on a choisies par opportunité ou par obligation, celles aussi où l'on ne sera jamais considéré comme un client complet.

Parler à son banquier

Domaine :
tous

Risques :
sans objet

Coût :
sans objet

Nous l'avons déjà évoqué, le dialogue est un élément essentiel de la relation avec un banquier. Plus il nous connaîtra, plus il sera à même de répondre à nos attentes. C'est une évidence, et pourtant... A l'heure des automates et du Minitel, nous sommes beaucoup trop enclins à refuser le contact direct pour nous cantonner dans une relation aussi distante que possible. A quand remonte notre dernière visite à notre banquier ? Pour la plupart d'entre nous, la réponse s'exprime en mois. Pour la gestion courante, n'importe quel automate — fut-il de la concurrence — fait l'affaire. Quand cela est réellement nécessaire, nous prenons à peine le temps de traiter notre problème sur un coin de comptoir avec un guichetier pressé. Et quand notre banquier nous écrit, prenons-nous le temps de lire son offre ?

Pourtant, quand il s'agit d'argent — de notre argent — ne devrions-nous pas nous accorder un peu plus de temps ? Parler de soi, de ses projets, de ses placements, de ses objectifs financiers et de ses contraintes, c'est aussi faire un acte de bonne gestion. Car vivre mieux avec son argent, c'est d'abord et avant tout gérer un patrimoine au mieux de ses intérêts.

J'ai 50 000 francs à placer

Domaine : placement

Risques : sans objet

Coût : sans objet

Vous faites un petit héritage, comment le placer ? Avant toute chose, vous devez vous poser quatre questions essentielles : Etes-vous prêt à bloquer votre argent durant quelques années ? Quels risques êtes-vous prêt à assumer ? Cherchez-vous un revenu ou privilégiez-vous la constitution d'un patrimoine ? Avez-vous des contraintes fiscales ? C'est en fonction des réponses que vous apporterez à ces questions que vous pourrez utilement choisir parmi la longue liste des placements potentiels.

D'une manière générale, commencez par compléter vos livrets d'épargne de façon à disposer à tout moment d'une épargne de précaution égale à trois ou quatre mois de revenus. Pensez ensuite, en fonction de vos projets, à l'épargne-logement si vous envisagez de construire (voir pages 18 et 19), à un plan d'épargne populaire (voir page 23) ou à un plan d'épargne en actions (voir page 29) pour constituer un patrimoine financier, ou encore à l'assurance vie (voir page 31) et aux bons de capitalisation (voir page 32).

J'ai 200 000 francs à placer

Domaine :
placement

Risques :
sans objet

Coût :
sans objet

Avec une telle somme, vous pouvez pratiquement accéder à tous les types de placement. Pour bien choisir, commencez par bien définir vos objectifs. Aurez-vous, à court ou moyen terme, un projet immobilier à financer ? Pouvez-vous envisager de placer votre argent en Bourse ? Avez-vous besoin de tirer des revenus de votre patrimoine ?

En plus des placements décrits à la page précédente, vous pouvez vous intéresser à la pierre-papier (voir page 30), aux bons et comptes à terme (voir pages 20 et 21), aux Sicav (voir pages 24 et 25) et fonds communs de placement (voir page 26). Les actions (voir page 27) et les obligations (voir page 28) sont également à votre portée. Mais, si vous vous intéressez à la Bourse, faites-le au travers d'un plan d'épargne en actions (voir page 29) qui vous permettra de profiter d'un régime fiscal plus favorable et, en choisissant une gestion collective plutôt que l'achat en direct de valeurs mobilières, de réduire les risques.

J'ai 1 000 000 francs à placer

Domaine : placement
Risques : sans objet
Coût : sans objet

Pour bien placer une telle somme, il faut commencer par rechercher les bons conseils. Vous arrivez en effet à un niveau de capital où il est possible de confier votre patrimoine à un professionnel qui saura le faire fructifier dans les limites que vous lui aurez indiquées. Bien entendu, vous pouvez aussi le gérer vous-même mais ne prenez aucune décision sans l'avoir bien mûrie et sans avoir longuement soupesé les conseils recueillis.

Les placements de base sont les mêmes que ceux qui sont énumérés à la page précédente. Sans doute aurez-vous intérêt, pour ne pas "mettre tous les œufs dans le même panier", à répartir votre patrimoine entre différents produits : assurance vie, plan d'épargne populaire ou pierre-papier. Les actions et les obligations sont plus que jamais à votre portée. Vous pouvez en effet constituer un portefeuille de valeurs mobilières mais faites-le en prenant soin de ne pas y consacrer plus de la moitié de votre patrimoine et en privilégiant le cadre du plan d'épargne en actions (voir page 29). Mesurez bien vos risques et faites-vous conseiller jusqu'à ce que vous maîtrisiez bien ce type de placements.

La fiscalité n'est pas tout

Domaine : placements
Risques : parfois élevés
Coût : à vérifier

Non, vous ne pouvez vous contenter d'analyser les seuls critères fiscaux pour décider de l'opportunité d'un placement ! Les réductions d'impôts attachées à certains types d'investissements ont aussi leur revers. Il est inutile de revenir ici sur les déconvenues de certains épargnants qui ont trop misé sur les opérations liées à la loi Malraux ou sur l'immobilier dans les DOM-TOM. Plus que la fiscalité des produits, ce qui est important c'est la rentabilité nette qu'ils dégagent et, surtout, la qualité des supports.

Ceci dit, la fiscalité offre de réelles opportunités. On a évoqué ici les placements entièrement exonérés (voir page 95) aussi bien que les réductions d'impôts liées à l'assurance vie (voir page 31). Mais il est tout aussi utile de revenir sur l'intérêt du plan d'épargne en actions (voir page 29) qui offre un cadre défiscalisé à des placements a priori fiscalisés. Quand elle prend cet aspect, la politique fiscale n'est pas sans intérêt !

Jouer en Bourse

***D**omaine :*
placements

***R**isques :*
élevés

***C**oût :*
sans objet

Faut-il, peut-on placer directement son argent en Bourse ? Répondre à une telle question n'est pas si facile dans la mesure où chacun d'entre nous a une manière différente d'appréhender les marchés boursiers. Mais, plus généralement, l'alternance de périodes fastes avec de longs mois d'hésitation — quand il ne s'agit pas de baisse — ne facilite guère la promotion des valeurs mobilières. Aussi, sauf à disposer durablement des moyens nécessaires, il est à maints égards largement préférable de s'en tenir à la gestion collective pour profiter de la compétence de professionnels avisés.

Si, en dépit de cet avertissement, vous choisissez d'acheter des actions, rappelez-vous néanmoins que ce type d'investissement répond à quelques règles incontournables. N'oubliez pas, d'abord, qu'il s'agit de titres risqués sur lesquels les pertes peuvent être totales. Sachez ensuite que ces placements n'ont de sens que dans la durée et qu'il n'est pire stratégie que celle qui consiste à vendre sous la contrainte des actions dépréciées.

La confiance n'exclut pas le contrôle

Domaine : tous

Risques : élevés

Coût : sans objet

Vous avez confiance en votre banquier, fort bien, mais la confiance n'exclut pas le contrôle. Voilà une règle d'or à ne pas oublier ! Après tout, il s'agit de votre argent et vous devez avoir un droit de regard sur la manière dont il est géré. En conséquence, examinez avec attention tous les documents que vous envoie votre banquier. Suivez de près les rendements de tous vos placements, intéressez-vous à la composition des portefeuilles collectifs, discutez aussi souvent que possible avec votre banquier, lisez tous les contrats avant de les signer…

Les précautions à prendre sont encore bien plus importantes lorsque vous accordez un *mandat de gestion* à votre banquier. Vous devez en effet fixer des limites claires à ce mandat et vous assurer régulièrement qu'elles sont respectées. N'ayez pas peur de vous montrer trop pointilleux : en matière de placements, boursiers ou pas, les précautions se prennent avant ! Après, il sera toujours trop tard…

Ne pas changer d'avis tous les huit jours

***D**omaine :*
tous

***R**isques :*
pertes du capital

***C**oût :*
élevé

S'il est une règle dont la transgression est toujours coûteuse, c'est bien celle de la durée des placements. Ceci tant pour des raisons fiscales que pour des questions d'opportunité. Les premières sont évidentes si l'on prend en compte les pénalités fiscales qu'entraîne inévitablement le retrait prématuré de sommes a priori bloquées pour cinq, six ou huit années. Pour les questions d'opportunité, on n'évoquera que les frais de souscription et de revente qui pénalisent tout autant les retraits anticipés.

Pour fructifier, tout placement nécessite une durée minimale. En matière d'argent, les coups d'éclat sont bien trop rares pour que l'on puisse en faire une règle générale. Comme le bon vin ou une toile rare, la bonification d'un placement se fait progressivement au fil des mois. A condition, bien entendu, de lui en laisser le temps !

Gérer son argent tout seul

Domaine : placements

Risques : sans objet

Coût : sans objet

Rien ne vous interdit de gérer vous-même votre argent. Vous pouvez parfaitement le faire, y compris en recourant à des produits bancaires classiques. Mais cela n'a guère de sens si votre patrimoine ne vous permet pas d'envisager la Bourse en direct. En deçà d'un portefeuille d'actions de l'ordre de 50 000 francs, il est en effet difficile de bien partager les risques entre un nombre suffisant de titres.

Gérer son argent tout seul, sans passer par la gestion collective — les O.P.C.V.M. (voir pages 24 à 26) — cela ne signifie pas qu'il faille nécessairement se passer de conseils. Par contre, vous devrez nécessairement vous astreindre à suivre assidûment l'évolution des marchés, de ses composantes et de ses déterminants. Cela prend beaucoup de temps. Il faut donc que vous soyez disponible pour ce type d'opération, et ouvert à la prise de risques.

9. Les questions de notre temps

Les grandes interrogations qui touchent à l'argent et à la banque sont loin d'être figées et certains problèmes agitent périodiquement les débats publics. Ils traduisent d'une certaine manière les dysfonctionnements de notre société.

Parmi les questions qui reviennent régulièrement figurent, on s'en doute, celles qui concernent le comportement des banques. Dire qu'elles ont mauvaise presse, c'est colporter une telle banalité que l'on se demande parfois comment les banques ont pu accumuler autant de maladresses pour tomber aussi bas dans l'estime de nos concitoyens.

Il est vrai que les choses de l'argent touchent à notre existence profonde. Sans elles, nous n'avons pas accès au statut social que nous revendiquons. Alors, n'est-il pas normal que les banques, dont les attitudes ne sont pas toujours bien claires, cristallisent une bonne part de nos appréhensions.

La facturation des services

Domaine :
tous

Risques :
augmentation des coûts

Coût :
en hausse

Naguère totalement gratuits, les services bancaires sont aujourd'hui de plus en plus fréquemment onéreux. Cette tendance est malheureusement irréversible, les banques ne pouvant plus assumer seules les investissements considérables qu'a nécessité la mise en place des moyens de paiement modernes. Même si nous le faisons à notre corps défendant, nous devons donc nous habituer à payer pour les services que nous rendent les banques. Nous garderons certes notre liberté de choix et, dans le contexte actuel de concurrence, nos préférences iront logiquement, à service égal, vers les banques qui proposent les services les moins coûteux.

Cette évolution s'inscrit dans le contexte général de banalisation de l'activité bancaire. Ce qui était, il y a quelques années encore, une sorte de service public s'affirme à présent très clairement comme une activité marchande classique. L'Europe de 1993 renforce cette perception puisque nos voisins ont pratiquement tous l'habitude de payer — parfois fort cher — pour les services qu'ils reçoivent.

Les comptes rémunérés

Domaine :
compte courant

Risques :
facturation des services

Coût :
sans objet

Contrepartie a priori naturelle de la facturation des services, la rémunération des comptes courants est l'objet de bien des controverses. Compte tenu des initiatives prises par différents établissements, son illégalité a été récemment réaffirmée par les pouvoirs publics. Pourtant, cette prise de position ne tranche pas le débat et les partisans de la rémunération ont très vite repris l'offensive avec de nouvelles armes.

En fait, la rémunération des avoirs en compte courant est un leurre. D'une manière ou d'une autre, ce sont les clients qui la prendront en charge, au travers par exemple d'une augmentation de la facturation des services ou de taux d'intérêts encore plus élevés. Il faudra alors que le solde des comptes soit très important pour que le bilan individuel de l'opération soit positif. En clair, ce sont — encore une fois — les petits et moyens clients qui seront pénalisés par cette prévisible réforme.

Le service bancaire de base

Domaine :
compte courant

Risques :
sans objet

Coût :
sans objet

Poussées à bout par leurs problèmes financiers et par la forte concurrence, certaines banques ont décidé de clôturer d'autorité les comptes non rentables. Cette position a provoqué un vaste débat et permis l'adoption d'une charte des services bancaires de base. Cette charte définit les services auxquels devraient pouvoir prétendre tous les clients, même les plus modestes. Même s'il ne s'agit là que de recommandations, on peut considérer que cette charte pose les bases d'une nouvelle *déontologie*.

Selon cette charte, l'ouverture d'un compte ne devrait pas être conditionnée par un apport ou un revenu minimal, ni par la souscription de produits d'épargne. Chaque client a droit au moins à un carnet de chèques, à une carte de retrait, à la faculté de procéder à des paiements à distance par virements, prélèvements ou titres interbancaires de paiement. Les retraits d'argent dans les automates devraient être gratuits et les modifications apportées dans le fonctionnement des comptes faire l'objet d'un préavis raisonnable. Enfin, la clôture d'un compte ne devrait pas intervenir avant un préavis de trente à quarante-cinq jours.

Les produits packagés

Domaine :
placement
Risques :
sans objet
Coût :
sans objet

Derrière ce bel exemple du jargon bancaire se cache l'une des conséquences de la banalisation de l'activité bancaire. En mal de distinction, les banques multiplient en effet "habillages" et "packages" pour donner une coloration spécifique à leurs produits. Les habillages ne sont rien d'autre qu'une tentative de personnalisation d'un produit faisant partie du patrimoine commun : une dénomination spécifique, éventuellement complétée par quelques services annexes qui créent la différence. C'est une technique connue de la *distribution* qui marche bien dans le secteur bancaire.

Plus subtil, le package associe deux ou plusieurs produits pour créer un produit dérivé qui présente des caractéristiques nouvelles. C'est, parmi d'autres exemples, l'association d'un plan d'épargne en actions avec un produit d'assurance vie ou un compte d'épargne-logement marié à un produit à terme. De gestion complexe pour les banques, ces produits sont souvent transparents pour le client qui y trouve généralement son compte.

La retraite

Domaine :
placements
Risques :
sans objet
Coût :
sans objet

Véritable sujet d'inquiétude pour les générations les plus exposées, celles du baby-boom de l'après-guerre, la retraite est au centre des préoccupations de nombreux Français. Pour s'assurer un revenu décent, beaucoup d'entre eux ne se contentent plus de s'interroger mais commencent à anticiper sur cette période qu'ils craignent difficile.

Les produits d'assurance vie (voir page 31) et le plan d'épargne populaire (voir page 23) constituent les meilleurs supports pour cette préparation. Ils permettent de capitaliser, en totale franchise d'impôts, une somme suffisante pour garantir le versement d'une rente qui viendra compléter la retraite officielle. Mais, plus largement, c'est par la constitution progressive d'un capital que l'on peut faire face aux difficultés futures — cela par toute une série de produits. Car, au-delà de la seule retraite, vous pourrez ainsi transmettre un avoir à vos enfants.

Répartition ou capitalisation ?

***D**omaine :*
placements

***R**isques :*
sans objet

***C**oût :*
sans objet

Le débat est, depuis quelques années, sur la place publique. Peut-on faire confiance à la répartition pour assurer une retraite convenable aux Français ? Force est de reconnaître que cela sera difficile et qu'il n'est plus possible, à titre individuel, de compter sur la seule répartition qui assurait pourtant à nos aînés le versement d'une retraite décente à 65 ans. Le déséquilibre démographique et la montée du chômage rendent en effet particulièrement aléatoire le financement des retraites de demain. Tôt ou tard, il faudra réviser à la baisse les conditions du départ en retraite.

Autant ne pas se laisser surprendre ! Pour autant, il serait dramatique de s'en tenir à la seule capitalisation. Cela signifierait en effet que les individus prévoyants pourraient bénéficier d'une retraite satisfaisante tandis que les autres devraient se contenter de l'aide publique. Si tel était le cas, cela signifierait que l'on s'oriente vers une retraite à deux vitesses. Difficile à accepter dans un pays comme la France !

L'assurance chômage

Domaine :
crédits

Risques :
sans objet

Coût :
0,1 à 0,2 %

Nul n'est à l'abri ! La conjoncture est actuellement beaucoup trop incertaine pour que quiconque — fut-il actuellement employé de l'Etat — puisse s'estimer définitivement à l'abri du chômage. Cela a amené les banques à proposer aux emprunteurs, en complément aux crédits immobiliers mais aussi à certains prêts personnels, la souscription d'une assurance chômage susceptible de prendre en charge les mensualités du crédit pendant d'éventuelles périodes de chômage.

Bien sûr, quand tout va bien et quand rien ne justifie la crainte de perdre son emploi, la souscription d'une telle assurance paraît ne constituer qu'un coût supplémentaire qui renchérit les mensualités déjà lourdes des crédits en cours. Cependant, lorsque l'on contracte un crédit immobilier qui durera 12, 15 voire même 20 ans, peut-on raisonnablement écarter ce risque ?

Le surendettement

Domaine : *crédits*
Risques : *importants*
Coût : *élevé*

Mal de notre société moderne, le surendettement est un véritable fléau pour les quelque 200 000 familles françaises qui s'y sont laissé prendre. Malgré les récentes mesures législatives, c'est en effet la déchéance complète qui attend le ménage qui n'a pas su — ou pas pu — remonter la pente. En la matière, rien ne remplace la prudence et la prévention: n'attendez pas d'en arriver là pour en parler avec votre banquier !

Pour aider les surendettés, il existe désormais un circuit juridique qui leur permet d'obtenir un *plan de règlement amiable* ou, à défaut, d'engager une procédure de *redressement judiciaire*. Attention toutefois, ce sont, l'un et l'autre, des mécanismes lourds dont la mise en œuvre passe par une commission départementale. Pour bénéficier de cette procédure, vous pouvez saisir directement cette commission. Vous trouverez ses coordonnées à la mairie de votre domicile ou auprès de votre agence bancaire.

Les interdits bancaires

Domaine :
placements
Risques :
sans objet
Coût :
élevé

L'envolée des chèques en bois (voir page 86) a conduit le législateur à renforcer les sanctions à l'égard des émetteurs de chèques sans provision. C'est ainsi qu'une pénalité de 120 francs par tranche de 1 000 francs frappe désormais l'émission et la non-régularisation des chèques en bois. Elle est généralement suivie par une interdiction bancaire dont la durée, fixée par le tribunal correctionnel, peut atteindre cinq années. Durant cette période, vous ne pourrez plus émettre de chèques, y compris sur d'autres comptes ou dans d'autres banques.

Là encore, la prévention est la mère de toutes les sûretés. Bien entendu, un incident est toujours possible. Si tel est le cas, dépêchez-vous de régulariser la situation : s'il s'agit du premier incident depuis les douze derniers mois, vous avez trente jours pour payer le chèque en cause sans encourir les pénalités ou l'interdiction bancaire. Autant profiter de cette possibilité. Franchement, vous vous voyez pendant cinq ans sans chéquier ?

Le télépaiement

Domaine : placements
Risques : néant
Coût : faible

Cela bouge tous les jours dans le domaine des moyens de paiement. L'arrivée du télépaiement va encore bouleverser quelques habitudes acquises. Finis en effet les chèques, demain les factures d'électricité, de gaz, de téléphone, etc. se règleront par Minitel. Pour cela, vous pourrez aussi bien utiliser le serveur de votre banque que le 36 15 TELEFACT. Dans l'un et l'autre cas, un mécanisme désormais bien au point permettra d'établir la relation immédiate entre votre compte et les références de l'émetteur.

Souple, rapide et fiable, ce nouveau moyen de paiement est aussi avantageux — le paiement par Minitel coûte moins cher qu'un timbre postal — et universel — sous réserve d'une inscription préalable, toute personne peut utiliser ce service. Comme on l'imagine, les applications en sont particulièrement nombreuses. Ainsi, demain, sera-t-il possible de payer impunément ses impôts par Minitel une minute avant l'échéance ultime !

Imprimé en France
Dépôt légal : janvier 1993
N° d'impression : 15800
N° d'édition : 263
ISBN : 2-86274-263-5